週末、バンコクの運河に
流れる時間に身をまかせる

市場のひと目ぼれ？　だからバンコクはたまらない（クロントゥーイ市場）

タイの味覚は、歩道の屋台にあふれている。ひとり鍋といったらチムチュム（上右、上左）。さわやかな酸味と辛さが、タイの熱気に絡みあう（サパーンクワーイ）。味覚を辿っていけば市場のなかへ。鶏（中）やカエル（下）に出くわす（クロントゥーイ市場）

タイはマラソンが盛んだ。10キロのミニマラソンを走ってみた。テンションの高いエアロビクスの準備体操（上右）が終わって、朝6時にスタート。こんなに頑張るタイ人をはじめて見た（中）。犬と一緒に走るコース（上左）もある。走り終わるとタイ式の朝食が待っている（下）。事前の申込みも必要なく、道路規制も「ゆるゆる」。こういうマラソン好きだなぁ。詳細は本文で（ノンタブリー）

マラソンコースには、タイらしい池の脇も走った。ゆっくり眺める余裕はありませんでしたが（ノンタブリー）

早起きして市場へ行ってみる。救われる（サパーンクワーイ）

寺の午後。静謐な時間が流れる。いえ、皆、暇なだけ？　この尼僧も……
（ワット・ボウォーン）

# 週末バンコクでちょっと脱力

下川裕治　写真・阿部稔哉

朝日文庫

本書は書き下ろしです。

週末バンコクでちょっと脱力●目次

タイの通貨はバーツ。円とのレートは、最終取材（二〇一二年一一月）当時の一バーツ＝二・六円で換算している

# はじめに

十年近く、僕はバンコクという街について書くことができなかった。最後にまとめたのが、『バンコク迷走』（双葉社刊）という本だった。二〇〇三年のことである。その頃から迷走がはじまっていた。

いくつかの本のなかで、バンコクには触れている。しかしバンコクという街で一冊の本を書くことはなかった。

迷っていた。

それでもバンコクには足繁く訪ねていた。回数は年に十回近くになるだろうか。バンコクで依頼されるいくつかの仕事があった。それは三十歳代でタイ語を習い、バンコクという街とのつきあいをまとめた何冊かの本の遺産のようなものだった。「バンコク通」という言葉が耳に痛かった。

わかっていた。

それはバンコクという街についていくことができない自分のせいだった。

僕は高度経済成長とバブル経済という熱っぽい空気のなかで育った世代である。

しかし人と一緒に躍ることがどうも苦手な性格で、好景気だというのにバックパッカーなどという貧乏旅行に身をやつしていた。そこには、日本社会が臭わせはじめた嘘寒さもなく、旅という衣さえ着れば、惚けた顔で長距離バスや長い列車の旅に染まることができた。

ところが旅はいつか終わる。怖い日本社会に戻らなければならなかった。そんな繰り返しのなかで、バンコクという街に出合った。この街で救われた。

しかしバンコクという街が、高度経済成長の波に乗ってしまった。僕を救ってくれたバンコクは、次々に姿を変えていった。僕が愛したバンコクは、しだいに色を失い、若いタイ人から「時代遅れの日本人」と冷ややかな視線を浴びるようになっていた。若い日本人がバンコクを描くようになっていく。内容は、元気なバンコクにアップデートされていく。そんな書籍を書店で眺めながら、忸怩たる思いに包まれていた。躍るポップなイラスト、洗練されたタイ料理、アロマの香りが漂うエステ……。僕には縁のない世界だった。

それから十年――。

バンコクが変わりはじめた。誰しも十年も走れば疲れがでる。ましてやタイ人である。

彼らの波長と再び合ってきた感覚がある。そういう十年だった気もするのだ。週末バンコク――。原稿を書き進めながら、やっと書くことができるようになってきた気がした。僕のバンコクという酵素の鍵穴が、バンコクのそこかしこに再びつくられてきつつあるということだろうか。

「週末バンコク」とタイトルに刻まれているが、本書は親切な旅行ガイドではない。週末の旅を考えたときのエッセンスを書き込んだつもりだ。その発想のなかから、自分の「週末バンコク」をつくっていってほしい。旅とは情報ではなく、想像力が生むものだと思っているからだ。

第九章には、バンコク在住日本人が考えた「週末バンコク」も収録した。参考にしてほしい。写真は多くがカメラマンの阿部稔哉に撮り下ろしてもらった。一部僕の写真も使っている。写真説明の最後に（S）と記してある。第九章の写真は、各筆者が撮ったものを使わせてもらっている。

出版にあたり、朝日新聞出版の野村美絵さんのお世話になった。

二〇一三年二月

下川裕治

# 週末バンコクでちょっと脱力

# 第一章　日本からバンコクへ

## 北回帰線通過を飛行機の座席で祝う

かつて日本から南に向かう船は、赤道を通過するとき、赤道祭を行った。南米への移民を乗せた笠戸丸という船の甲板で開かれた祭りの風景を残した写真を見たことがある。単調な船旅である。人々はそのイベントのために仮装し、はち切れそうな笑顔をつくっていた。待ち受けている苛酷な労働をまだ知らない瞳が、切なさを誘う写真だった。

明治の終わり頃、移民たちが南へ向かう足は船だった。それから百年以上の年月を経て、いまは時速八百キロというスピードの飛行機で南下することになる。

タイのバンコクへ向かう。タイは赤道の北にあるから、赤道は越えない。しかし日本を発った飛行機は、ルートはさまざまだが、必ず北回帰線を越える。北緯二十三度二十七分。仮に成田空港からバンコクへの直行便に乗ると、三時間ほどで北回帰線にさしかかる。

いまの飛行機は、各シートの背にモニターがついていることが珍しくない。映画やゲームを選べるのだが、このあたりになったら、飛行機の進み具合を地図に示し

この狭いエコノミー席でも、北回帰線通過の万歳をしよう（S）

てくれる画面に切り替えることが多い。ちょうど台湾の上空、街でいうと嘉義《ジャーイー》のやや南あたりである。ここを北回帰線が横切っている。

　ビールがあれば気分は盛りあがるかもしれない。もっともこの時間は、機内食も終わり、寝ている人も多い。狭いエコノミーの席で、ひとり騒ぐわけにもいかないから、ひっそりと、意識を刻み込んでいくことになる。たったひとりの北回帰線祭りである。

　コメディ映画を観ながら、にんまりと頬を弛めるのならわかるが、モニターに映っているのは東アジアの地図で、なかに飛行機マークがポツンと描かれているだけなのだ。その画面に惚けたような視線を集め、つい口許がにやけてしまう五十八歳の男というのは、見ようによっては、かなり不気味である。なにかを企んでいるのではないかと思われてもしかたない。乗客の多くは、まだ三時間もあるのか……と時計を眺め、もうひと眠り……と目を閉じるなかで、日が落ちてから行動を起こす砂漠のネズミのように目を輝せているのだ。やはり気色が悪い。

しかしつい頬が弛んでしまう理由がある。

北回帰線を越えた南の国々には、日本社会で後ろ指をさされないようにと振る舞ってきた人格のいくつかを捨てることができるほど、ゆるい空気が流れているのだ。その空間に飛行機は入ったのだ。それは、約束の時間を守らなくても、さしたる問題がないといったレベルではない。

たとえばタイ。僕はこれまでタイ人の結婚披露宴に何回か呼ばれている。日どりが決まると、新婦や新郎の母親は招待状を知人の家に持参する。しかしそのとき、出席するかしないのかを聞かない。笑顔で帰っていってしまう。日本のように出欠を確認しないのだ。食事や会場の準備もあると思うのだが、そこはタイ式のどんぶり勘定なのである。人が増えるとテーブルが運び込まれ、料理も並ぶ。食事は日本のように、ひとり、ひとりに分かれていないからできるのかもしれないが、終わってみると、なんとかなっているのだ。

一度、結婚する新婦に聞いたことがある。彼女は四年制の大学を卒業し、日系企業で働く才女である。

「そんなことしたら、人数をカウントするのが大変じゃない。披露宴があることを忘れちゃう人もいるし……」

「………」

招待する側も、される側もタイ人だった。

だいぶ昔の話だが、東京の僕の家に、ひとりのタイ人が遊びにやってきたことがあった。ちょうどそのとき、小学生の娘が水泳教室の練習で近くのプールに出かけていた。タイ人の彼が見たいというので、一緒に出かけた。水泳教室では、息継ぎの練習をしていた。プールを囲むようにつくられたギャラリー席から、その光景を眺めていた彼が訊いてきた。

「娘さんはオリンピック選手にでもなるの？」

「そんなことはないよ。ただの水泳教室」

「じゃあ、どうして苦しい思いをして息継ぎなんか習ってるわけ？」

「そういわれても……」

「顔を出して泳げばいいじゃないですか。そのほうがずっと楽でしょ」

水泳のインストラクターにしたら、いろいろと反論もあるのかもしれないが、僕の娘は水泳の選手になるつもりも、おそらくその才能もない。皆が通っているから……と、なんとなく教室に入っただけなのだ。

僕もたまに、家族と一緒に、アジアのリゾートホテルに泊まることがある。昼間、プールサイドにいると、日本人グループと居合わせることがある。そのなかの何人かが、椰子の木が日陰をつくる円型のプールで、みごとなクロールで泳いでいるのを見ると、ちょっと哀しくなる。きっと子供の頃に水泳教室で刷り込まれたのに違いなかった。正しいクロールしかできないのだ。リゾートホテルのプールという空間では、妙に浮いてしまう日本人たちだった。

北回帰線を越えること——。それは面倒なことはやらない……という世界に足を踏み入れることだった。できるだけ楽をして暮らしていこうという発想に染まったエリアに入っていくことだった。

北回帰線の南に広がる〝ゆるさ〟は、結婚式や水泳といった世界に留まらない。たとえば税金という、生活にかかわる分野でも、いかんなく発揮される。所得税やその割合があがる消費税に悩む商店主がこの話を聞いたら、目が点になるのかもしれないが、タイの商店、たとえば青果店や食堂は、税金をまったく払っていない。税金という概念は知っているが、店の儲けに対して……などといった話をすると、視線が宙を舞いはじめる。

しかし、税金というものは、国家の財政を支える重要な柱である。もちろん、タイ政府も税金をとっているが、それはある規模を超えた企業、つまり大企業に限られる。小さな商店を税制からはずしているわけではない。払わなくても、税務署からなにもいわれないのだ。きっとそのほうが効率がいいからではないかと思う。しっかり帳簿もつけていない一軒一軒から税金をとるのは大変なことだ。労力もかかる。頑張って徴収しても、その額は少ない。だったら見逃すか、とタイ人は考えているのではないか。……日本という国で生まれ育った僕は、そんな憶測を重ねるのだが、タイという国は昔からそういうことになっていた。

タイの商店街には、その地区を担当するテッサバーンという役人がいる。屋台を管理するのも彼らの仕事である。そこには当然、タイ式の金の動きが生まれてくる。賄賂である。タイではそこに、警察も割り込んでくるから、話はややこしくなるのだが、少なくとも、そのやりとりのなかに、税金という言葉は含まれない。形を変えた税金ではないか、と見る向きもあるが、町を徘徊する小役人や警察のポケットに入った金は、ビールや飯代、愛人の化粧品代などに消えてしまい、国に納められるわけではないから、やはり税金ではない。

そこで必要になるのは、法の網をかいくぐる頭脳ではなく、世渡りのうまさだ。客が多いそば屋は、役人に対しては麺の盛りを多くしたり、フィッシュボールの数を一個増やしたり……と小まめな気遣いで賄賂をすり抜けたりする。長い物に巻かれることを拒むと、頻繁に役人や警察がやってくることになる。

賃貸店舗で商売をしているタイ人には、大家という鬱陶しい存在もいる。家主はテーブルを埋める客の数をしっかりとチェックしていて、少しでも多くなると、揉み手で現われ、周辺の賃貸料など無視して家賃の値上げを告げるのだ。タイで店を開くということは気苦労が絶えない。金も動く。しかしそれは税金とは無縁の世界である。

国の役人たちも、そういった性格の人々が集まっているわけだから、実に姑息な手段に出る。小さな店からは税金は一切とらないというのに、その経営者が外国人とわかると、左側の目がぴくぴくと動く。自分たちの手抜きを棚に上げ、いつもは使わない書類の束をもち出してきてしっかりと税金をとるのだ。外国人は税金と聞くと、それは払わなければいけないもの……と考えてしまう心理にするすると入り

街は近代化しても、トゥクトゥクは傾いて走る。バンコクだなぁ

込んでくるわけだ。日本人もその術中にしっかりとはめられてしまっている。

しかしタイ式の税制を、貧しい国民への巧みな救済策と見る向きもある。たしかに大局的に見れば、資金的に恵まれた大企業や外国人から税金を徴収している。そこまで考えた心優しい国家という見方も成りたつ。

しかし、やはり違う。タイ政府は、最低賃金を引き上げた。大幅な値上げに、日系工場などの外資系企業は天を仰いだ。真面目にその賃金を払ったら経営が立ちゆかなくなってしまう。そのとき、政府はこんな見解を発表した。

「ミャンマー（ビルマ）、カンボジア、ラオスからの労働者のビザを大幅に緩和します」

僕は耳を疑った。それはタイ人の労働機会を奪ってしまうことである。世界各国が、外国人労働者を制限しているのは、自国民を守るためである。タイ人の最低賃金を上げるかわりに、安い周辺国の労働者を雇えという政策は、タイ人を守る立場にある政府がやっていいものだろうか。

そんな話をタイ人に向けてみた。すると彼は、

「別に……。いいんじゃない」

と涼しい顔で答えたのだった。

「だってタイ政府に入る税収は、大手企業からだけでしょ。工場で働くタイ人は給料から税金を引かれているかもしれないけど、それは外国人が働いても同じこと。個人から税金はとれないんだから、タイ人が働くチャンスが減ったって関係ないんですよ。それよりも、タイ人の賃金が上がったことで、工場がコストが安い近隣国に移転してしまうことのほうが困るんじゃない」

国民と政府の間に、ここまで信頼関係がなくていいものだろうか。タイという国の将来が不安になる。日本の政府もひどいが、タイの政府ほどあからさまな発言はしない。表面的には、役人や政治家は、国民の公僕である。なにしろ日本には、『国民の生活が第一』という政党まで出現したほどなのだ。

ここまで読み進んでもらえばわかることだが、タイには消費税もない。その代わりといってはなんだが、付加価値税といわれるVATがある。しかしこれも個人から徴収するのではなく、一定の規模以上の企業に納税義務を負わしている。その率は七パーセント。その企業が、商品の値段にVATを上乗せするから、一見、消費税のように映る。しかし街角のそば屋や青果店、屋台といったレベルは、この規模に達しないから、またしても税金という世界の外ということになる。

土産にジム・トンプソンというタイシルク専門店でスカーフを買ったとする。ジム・トンプソンの会社は大きいから、ＶＡＴを課せられている。それを商品価格に上乗せることになる。高級品を買ったときに、消費税らしきものをとられる感覚になるわけだ。つまり、税金というものは、金もちの間にしか存在しないのだ。

この基本構造を崩したのが、コンビニや量販店かもしれない。バンコク市内には、そこかしこにコンビニがある。セブン-イレブン、ファミリーマート……と日本でもおなじみの店ばかりだ。テスコロータス、ビッグＣなどの量販店も多い。

タイではコンビニのことをセブンという。なにか意味のあるタイ語なのかと勘繰る人もいるかもしれないが、タイではそういう話はあまりない。バンコクの街に最初にお目見えし、その店舗を増やしていったのがセブン-イレブンだった。タイ人にしたら、この店名は長く感じられたのか、はじめの部分のセブンで定着してしまった。ファミリーマートも、セブン-イレブンを追うように出店していったのだが、タイ人は日本人のようにファミマといって区別せず、大胆にもセブンで通してしまった。だからコンビニは全てセブンなのだ。ファミリーマートの経営者は、日々、唇を嚙んでいると思うが、もう、どうすることもできない。

コンビニや量販店は、大きな会社のチェーンだから、ＶＡＴを納税し、商品価格に乗せている。レシートにはＶＡＴは内税と書いてある。当然、税金には縁のない

節電のないタイのコンビニは明るい。地方に行くと、もう眩しいほどだ（S）

雑貨屋よりは高いことも多いが、タイのコンビニは繁盛している。日頃は、

「あの角の食堂のそばはフィッシュボールが一個少ない」

などといった生活感を発揮するくせに、つい、いつも開いているという便利さに負けて買ってしまうのだ。コンビニというものはそういうものなのだが、タイの場合は、客の何割かは、コンビニの商品には税金が含まれているということを知らない。知人のタイ人は、こんなふうにいう。

「少なくとも二、三割は知らないんじゃないかな。税金ってものに関係なく生きている人がかなりいるから。とにかくうちの親は知らない。少し高いとは思っているはずだけど」

北回帰線を越えるということは、日本人が身につけた義務から解き放たれることなのかもしれない。違う価値観に支配される世界に入っていくといえば、それまでの話である。だが、そんな紋切り型の言葉で語るのは惜しいような解放感がある。いったい僕はいつ、納税の義務という言葉を習ったのだろうか。世界の人々は皆、自分の国を支えるために、税金を納めているものだと思っていた。だが、北回帰線の南側には、そんな話をしても、ぼんやりと笑ってごまかす人々がいる。しかし彼らは普通の国民なのだ。

日本からバンコクに向かう飛行機に、僕は何回となく乗ってきた。はじめて乗ったのは、まだ大学生の頃だった。それから四十年弱、百回以上は乗っているだろう。バンコクに急用ができ、あわただしく乗ったこともある。不安を抱えて搭乗したこともある。日本から逃げるように、狭い座席に身を沈めていたことも多い。旅行作家などという肩書きで呼ばれることもあるが、作家というものは、本が売れなければ収入はない。来月の収入すらわからないこともある。一歩間違えば失業者なのだ。いつも不安に苛まれているようなところがあるが、タイへ行けばなんとかなる……という思いがどこかにある。甘い発想であることもわかっている。タイの成長は急で、昔のようにまったりとした空気に支配されているわけではない。しかし、責任はとろうとしないが、優しい笑みで受け入れてくれる懐の深さは残っている。それにすがっているだけだろうか。薄暗い機内で自問してみる。

そんなとき、思い起こす話がある。

タイ政府が、タイ式の失業手当制度を導入したのは、いつ頃だったろうか。それは会社の事情で社員に辞めてもらう場合、解雇後、三カ月分の給料を渡さなければいけないというものだった。業績が悪いから社員に辞めてもらうわけだから、その三カ月分の負担は応える。しかし法律である以上、守らなければならなかった。

あれはリーマンショックの後だったろうか。ある日系工場が、五人の工員に辞めてもらうことになった。突然の景気後退で、ラインをひとつ停止せざるをえなかった。

十二月だった。社長である日本人の知人は、辛い思いを秘めながら解雇を伝えた。勤務態度が悪いわけではなかった。会社の事情だった。

「それがね、解雇を伝えたとき、五人の顔が妙に明るいんです。嬉しさをこらえきれないって感じで。秘書のタイ人に訊いたんです。どうして彼らは、あんなに明るいんだって。すると秘書がこういうんです。『そりゃ、誰だって嬉しいですよ。一月から三月までの三カ月、働かなくても給料が出るんですから。四月はタイの正月でしょ。それまで田舎に帰って、両親の世話ができるじゃないですか』。長い間、社長をやってきたけど、社員を辞めさせて、こんなに喜ばれたのははじめてだよ。でもね、彼ら五人とも、四月の正月以降のことは、なにも考えていない。これでいいのか……とも思いましたけどね」

その翌日、社長室の前に列ができたという。訊くと皆、会社に自分を辞めさせてほしいと頼みにきたのだという。三カ月分の給料という話が彼らの目を輝かせていた。

「もちろん断ったよ。そんなことしたら、工場が動かなくなる……」

知人は困ったようにいうのだった。

バンコクまではまだ二時間以上ある。僕はバンコクの匂いを思い浮かべる。日本での日々は、しだいにその色を失っていく。

やはり北回帰線祭りなのである。

## アジアのスピード感を香港で知る

日本とバンコクを結ぶフライトは多い。航空会社の関係者の話では、アジアのドル箱路線らしい。運賃競争は激しいが、搭乗客が多いのだという。

僕はバンコクで航空券を買っている。こういうスタイルになって三十年ほどになる。かつては、バンコクで航空券を買ったほうが安かったのだ。一度、バンコク発の航空券を買ってしまうと、その連鎖を切るのが大変になってくる。バンコクで買うのは往復航空券である。これを日本発券に切り替えるには、必ずどこかで、片道航空券を使わなくてはならないからだ。

いま、日本で買う航空券と、バンコクで手に入れる航空券の運賃に大差はない。日本で買うほうが安いこともある。航空券の使い勝手は若干違う。バンコクで買う航空券は、有効期間内なら、日程変更が無料でできるものが少なくない。

航空券を選ぶポイントは、やはり運賃である。しばらく前から、マイレージプログラムというややこしいものが加わってきてしまったが。

日本とバンコクを結ぶ航空券は、運賃とルートで、いくつかのグループに分けることができる。僕の分類だから、クラスは当然、エコノミーである。

■日系、タイ系。直行便。運賃は高めグループ

タイ国際航空、日本航空、全日空の三社。

■アジア系。乗り換え便。運賃は中程度グループ

チャイナエアライン、エバー航空、キャセイ・パシフィック航空、中国東方航空、中国国際航空、中国南方航空、ベトナム航空、大韓航空、アシアナ航空、シンガポール航空などのアジア系航空会社。

■アメリカ系。直行便。運賃は中程度グループ

ユナイテッド航空、デルタ航空。日本は成田空港のみ。

■ＬＣＣ系。乗り換え便。運賃は中程度グループ

羽田空港利用のエアーアジアはクアラルンプール乗り換え。関空利用のセブ・パシフィック航空はマニラ乗り換え。

それぞれ一長一短はある。ＬＣＣ系が、パソコンの画面に小躍りするほどの運賃を提示してくれたら、文句なく予約を進めるのだが、キャンペーンを除けば、それほどでもない。日系とタイ系は高いから、僕の選択肢からははずされ

キャセイ・パシフィック航空は燃油代が安いことも特徴（S）

る。残るのは、アジア系とアメリカ系ということになる。

悲しいことだが、僕もマイレージの呪縛から逃れられないでいる。海外にばかり出ている父親の、家庭のなかの存在価値は、マイレージを貯める以外にない。そんな空気が我が家には流れている。勢い、マイレージの可算率がいいアメリカ系に走らざるをえない。アメリカ系の席がとれなかったり、乗り換えのアジアの都市に用事があるときはアジア系を使うといった感じだろうか。

家族からのいわれなきプレッシャーから解き放たれ、運賃もそれほど気にしなくていいといわれれば……香港のキャセイ・パシフィック航空を選ぶ。とにかく楽なのだ。次回はキャセイ・パシフィック航空……と思うと、ちょっと気持ちが軽くなる。

先日もキャセイ・パシフィック航空でバンコクに向かった。成田空港を出発するのは午前十一時だったが、飛行機に乗り込んでから一時間以上待たされた。成田空港は出発が遅れることが多い。他のアジアの大空港に比べても、離発着便数はそれほど多くないのだが、なぜか遅れるのだ。空港の構造の問題なのだろうか。いや、安全基準が厳しすぎるのかもしれない……などと勘繰りたくなる。

香港には午後三時四十分に到着した。本来なら午後二時五十分に着き、一時間後の午後三時五十分発のバンコク行きに乗り換えることになっていた。

ここからは香港の空港の真骨頂だった。バンコク行きの乗客は、飛行機を離れ、ボーディングブリッジを出たところに集められた。係員を先頭に、近いルートでセキュリティーチェックを受け、バンコク行きの搭乗口に誘導してくれた。搭乗口の掲示を見ると、午後四時十分になっていた。日本からの便に合わせて、出発時刻を二十分遅らせていた。といっても、乗り換え時間は三十分しかない。人の乗り換えもあるが、その時間で、預けた荷物も積み換えなくてはならないのだ。

バンコク行きの飛行機は、午後四時十分に、なにくわぬ顔で出発し、ほぼ定刻にバンコクの空港に着いてしまったのである。空港ではちゃんと荷物も受けとった。成田空港を出発するときの一時間遅れを帳消しにしてしまったのだ。

頭が下がる思いだった。

定時運航は日本のお家芸ではなかったのか。そして日本の空港で、こういうことができるのだろうか……と考えてしまう。三十分で人と荷物を移動させてしまうのだ。スピード感覚がすでに違っている気がする。これがいまのアジアである。チェックインにかかる時間も、日系航空会社やアメリカ系航空会社に比べて、数段早い。アジアのいまを体感するなら、キャセイ・パシフィック航空……。そんな時代のような気がする。

# 第二章　空港から市内へ

## タイ式倫理観が漂う<br>タクシーは正しくぼる

日本を出発した飛行機は、バンコクのスワンナプーム空港に着陸する。多くの便が夕方から夜にかけての到着になる。青白い光に包まれたターミナルには、いまだに違和感がある。上空から見下ろすバンコクの夜は、オレンジ色の街灯が並んでいる。飛行機の小さな窓から眺めると、その光の列が道に沿って連なっている。その暖色系の色彩のなかに浮かぶ寒色は、異空間のようにも映るのだ。

この空港が開港したのは二〇〇六年九月のことだった。それまで使っていたドーンムアン空港が手狭になったことがその理由だった。ソウル、台北、上海、香港と次々に新空港ができあがっていく時期だった。どの空港も東アジア、そして東南アジアの経済成長の象徴のような空港だった。スワンナプーム空港も、その気運のなかで完成した。

この空港の呼び方で、ひと悶着があった。悩んだのは日本人だけだったのかもしれないが。空港のアルファベット表示は、『SUVARNABHUMI』となっている。これの文字通りに読むと、「スバンナブーミ」になってしまう。「バ」と「ブ」問題は理

ビルが林立するバンコク。
夜景も都市化した。でも、
地上はやはりバンコク

解できた。タイ語の発音は難しい。「V」の音は「ワ」のように聞こえる。「BHU」の音は「プ」に似ている。タイ語をカタカナで示すときは、便宜上、その音に近い表記を使うことが多い。それでいくと、この空港名は、「スワンナプーミ」ということになる。実際にバンコクにいる欧米人の多くは、「スワンナプーミ」といっている。

ところが日本人は、「スワンナプーム」という。空港の公式ホームページの日本語版も、「スワンナプーム」である。日本語だけ間違っている？　そんな疑問が湧いてくる。タイ人のいい加減さは、何回もこの国を訪れた人のなかに刷り込まれているからだ。

結論から先にいうと、日本語の発音は正しかった。タイ人もそう発音するのだ。いや、正確にいうと、小中学校でしっかり勉強をしたタイ人は……という前置きが必要になるのだが。

スワンナプームという地名は、「黄金の国」という仏教用語に由来している。タイ人のなかには、

「毒蛇がいっぱいいた湿地ですよ。洪水になったときは、この湿地に水を逃がしてバンコクを守ってきたんです。そこがどうして、黄金の国なんですか」

緊迫感に欠ける2011年の洪水風景。本当は大変だったのだが（S）

と毒づく人もいる。二〇一一年、アユタヤやバンコクの一部は洪水に見舞われた。住宅地が浸水し、工業団地やドーンムアン空港が水没した。その一因は、空港建設のために湿地を埋め立ててしまったためともいわれる。家が浸水したタイ人にしたら、憎らしい空港なのだ。

しかし地名は以前から、そうつけられていた。問題は、それが宗教用語だったことだ。タイ語は仏教がかかわってくると、バーリー語やサンスクリット語の単語が加わり、やけに難しくなると同時に、例外が頻繁に登場するようになる。スワンナプームも、その例に漏れなかった。つまり、「スワンナプーミ」と書いて、「スワンナプーム」と読むことになったのだ。なぜ、そんなことになったのかは知らない。そうなってしまったのだ。この例外は、だいたい中学時代に習うのだという。つまりしっかり勉強したタイ人は、「スワンナプーム」と読むことができるわけだ。

しかしタクシーで空港に行くとき、ドライバーに「スワンナプーミ」といっても理解してくれる。バンコクのタクシードライバーたちには、子供時代、畑仕事に汗を流したタイプが多い。勉強より、女子生徒を追いかけることに熱中していた奴もいる。彼らは、中学校の教室で、「これはスワンナプーミと書きますが、スワンナプームと読みます」という教科の説明も上の空のまま卒業してしまった。だから欧米人がアルファベット表示のまま、「スワンナプーミエアポート」といっても、なんの問題もない。むしろ、「スワンナプーム」という日本人の発音のほうが耳に慣れないのかもしれない。もっとも日本人の発音は語尾が曖昧だから、なんとなく波風は立たずにすんでいる。

しかし気になるのは、看板のアルファベット表示を『SUVARNABHUMI』としたタイ人である。彼らは、教師の言葉が上の空だったタイプではない。おそらく大卒組である。「スワンナプーム」と読むことを知っていてあえて「スワンナプーミ」と書いたのである。

そこからは、カビ臭い教条主義も漂ってくる。タイ文字は表音文字である。それぞれの文字はアルファベット表記に対応している。外国人が間違って読んでも、タイ文字のルールは曲げられない……と。いや、タイ人のことだから、なにも考えなかったのかもしれない。ただ機械的にアルファベット表記に置き換えた気もする。「そんなことを気にするのは、日本人だけだよ」といいたげな彼らの表情も浮かんでくる。

かつてのドーンムアン空港に比べれば、スワンナプーム空港は、はるかに近代的な空港である。ドーンムアン空港のつくりは、タイの街によく似ていた。タイの街は、タノンと呼ばれる大通りと、そこから枝のように延びるソイ、つまり路地で構成されている。ドーンムアン空港も、そのつくりを踏襲していた。飛行機に乗り込む通路がソイで、そこを進むと幅の広いコンコースにつながっていた。これがタノン、大通りである。発着便数が増えれば、通路を延ばしていけばいい……という安易な発想で空港は大きくなっていった。

それはバンコクという街が拡大していく様子にそっくりだった。大通りをどーんと通し、そこから延びる路地をつくっていく。路地に沿って新興住宅街がお目見えするのだが、路地と路地の間は、野犬が怖い空き地や湿地が広がっていた。街は拡大していくのだが、密度が生まれなかった。それはどこか、タイ人の性格にも似ている気がしたものだった。

ドーンムアン空港も広がっていった。ひとつのターミナルでは手狭になり、第二ターミナルができ、その先が国内線ターミナルになった。第一ターミナルから国内線に移動するときは、日本でいったら私鉄駅のひと駅分を歩くようなものだった。長いコンコースをひたすら歩き、ターミナルを出ると、甘くて猥雑なバンコクの匂いがした。ドーンムアン空港の向かいには、大通りを挟んで市場や屋台街があった。そこから湯気とともにたち昇る香辛料やナムプラーという魚醤油の匂いが、大通りに渦巻く排気ガスの臭いと混じりあい、鼻腔をちくちくと刺激したものだった。この街で起きた、ちょっと間抜けで切ない物語も蘇ってくる。

しかし新しいスワンナプーム空港は機能を優先していた。チェックインやイミグレーション、免税店にレストランを一カ所に集め、そこから放射線状に搭乗口を備えた通路が延びていた。街もない湿原に忽然と姿を見せた空港だから、ターミナルを出ても、記憶を呼び起こす匂いは漂ってこない。

開港当初、ターミナル内にトイレが少ないという苦情が多かった。当時の首相はタクシンで、反対派が執拗にこのトイレ不足を槍玉に挙げた。空港の責任者は、

「私たちはトイレをつくったわけではない」

と反論していた。その後にトイレは増設されたが、イミグレーションの脇とか免税店の裏など、思わぬところにトイレが出現する不思議な空港になった。

空港は近代化し、匂いも薄れたが、この空港を生業にするタイ人が変わったわけではなかった。少なくともドーンムアン空港から移ってきたタクシー運転手はなにひとつ変わらなかった。

空港から市内へは二種類のタクシーが走っている。ひとつはリムジンタクシー。税関を出たところで呼び込みをやっていて、「ぼったくりか」と避けて通る人も多いが、いちばんきっちりしている。運賃は九百五十バーツから二千二百バーツとバカ高いが、車は高級車で、なんだか偉くなったような気分に浸ることができる。しかし一般庶民旅行者は、空港に乗り入れている空港のタクシーを使うことになる。このタクシーは、市内を走るタクシーと同じメータータクシーなのだが、乗る前にブースに寄り、行き先を伝える。するとブースのなかにいる女性がタクシードライバーを呼び、書類を乗客に渡してくれる。そこにはトラブルがあったときのコールセンターと、乗るタクシーの番号が記されている。つまり、安全、というわけだ。その手数料といってはなんだが、メーター運賃に五十バーツを加算して払うように案内が出ている。

このタクシーが安全? 実はそんなことはない。このスタイルはドーンムアン空港もそうだったが、なにかとトラブルがつきまとうタクシーなのである。運転手の話では、空港に乗り入れることができるドライバーは、ホテルの場所などを答える簡単なテストをパスしないといけないらしい。しかしバンコクのタクシーに乗ってみればわかることだが、車内に掲げられたライセンスの写真と、ドライバーの顔は、ほとんど一致しない。空港に乗り入れることができる資格も簡単に売り買いされる。

ドーンムアン空港時代を含め、僕も何回かトラブルに見舞われた。最も多いのは、車の故障。高速道路の途中で動かなくなってしまったことが何回かある。空港に乗り入れるタクシーは古いような気がしてならない。

メーターが細工され、運賃が異常に早く加算されるタクシーに乗ったこともある。メーターの表示額は四百バーツを超えていた。僕は常宿までだったから、だいたいの金額がわかる。宿に着いたとき、ドライバーにタイ語で訊いた。

「で、いくらにする?」

ドライバーも騙せないと思ったようで、メーター表示額の半額以下の運賃を口にした。

「二百バーツでどう？」

「高いな。いつもは百二十バーツぐらいなんだよ」

「そうか。じゃあ百五十。メーターを細工するのに金がかかってるんだ」

　気が抜けるようなタイ人らしい笑みをつくった。

「なかなか、うまくいかないだろ」

「そうなんだよ。タイ人が乗ってくると騙せないんだ。このメーター壊れてるんでっていうしかない」

　僕はつい笑ってしまった。彼は細工代の元がとれないような気がする。

いや、そういうことではない。これは立派な犯罪である。バンコクがはじめて、という人が乗ったら、簡単にぼることができる。

　僕はいつ頃からか、この五十バーツを加算する空港タクシーに乗らなくなった。出発階に移動し、市内から空港まで客を乗せてきたタクシーを拾うようになった。しかし厳密なことをいうと、これは違法である。市内から客を乗せてきたタクシーは、空港からの客を乗せてはいけないことになっている。市内から来たタクシーは、スワンナプーム空港の出発階である四階に着く。そこで待とうとすると、警備員がピーピーと笛を吹く。さっと乗り込まなくてはならないのだ。ここにやってくるのは、バンコク市内を走る一般タクシーだから、五十バーツを加算しなくてもいい。そういうことを知らない運転手もいる。

五十バーツ安いことも魅力だが、この一般タクシーのほうが、はるかにトラブルが少ないのだ。バンコクの地理に疎い外国人を相手にひと儲けしようなどとは考えないドライバーが多い。

もっとも、タイという国は、ひと筋縄ではことがすまない国である。この出発階にも、客待ちをしているタクシーがいる。警備員に袖の下を渡せば笛も鳴らなくなってしまうのだ。この客待ちドライバーの質は悪い。警備員に賄賂を渡しているから、メーターのスイッチを入れるわけがない。「五百バーツ」など平気でいってくる。このタクシーに乗るぐらいなら素直に五十バーツを払って空港タクシーを選んだほうがいい。

しかしスワンナプーム空港の空港タクシーの評判がよくない。二〇一〇年に、市内と空港を結ぶエアポートレイルリンクという電車が開通してから、その悪評を以前にも増して耳にするようになった。

この電車が開通する前にタクシードライバーたちはこううそぶいていたものだった。

エアポートレイルリンク。これに乗って市街に着いても、そこからひと筋縄ではいかない

「エアポートレイルリンクはパヤタイ駅までひとり四十五バーツもするんだろ。急行に乗れば九十バーツって話じゃないか。そこからBTSに乗り換えたらひとり二十バーツや三十バーツがかかる。タクシーだったら空港から市内まで、だいたい二百バーツから三百バーツだろ。それにホテルの入口まで着くから、歩く必要もない。ひとりだったら、電車のほうが安いかもしれないけど、二、三人だったらタクシーのほうが安い。電車が開通しても、たいしたことないね」

BTSとはバンコク市内を走る高架電車である。彼らは強がりでもなく、本気でそう思っていた。しかし電車が開通すると、空港での待ち時間が長くなり、客が明らかに減ったことを知らされるのである。彼らの読みは甘かったわけだ。

考えてみれば当然のことだ。スワンナプーム空港に着く外国人の多くは、ホテルまでのタクシー運賃を知らない。エアポートレイルリンクやBTSの運賃との料金差がわかる客は少ないのだ。

世界の都市のタクシー運賃は高い。空港から電車などの公共の交通手段があれば、それを選ぶ人が多いから、タクシー利用客は減ってしまうのだ。

こうなったときに、日本のタクシードライバーならきっとこう考えるはずである。

「もう空港に乗り入れるのはやめて、ほかの場所で客を待つことにするか」

しかし、タイ人ドライバーの大多数は違った。アジア人がもつ価値観のようなものがむくむくと膨らんでしまった。非は騙されたほうにある――というアジアの論理である。これを日本人は、ぼったくりというのだが。

メーターのスイッチを入れることを嫌がるドライバーが増えていった。客が乗ったとたん、

「五百バーツでどう。高速料金込みだよ」

などと英語を口にする。女性のひとり客だったりすると、高圧的な口調になるドライバーもいるという。気の弱い人なら、首を縦に振ってしまうかもしれない。し

かし、タイにやってくる外国人は、「ぼやぼやしているとやられる」という忠告を受けている人が多い。メーターのスイッチを入れることを拒むと、「そらきた」とばかりに、

「メーター、メーター」

と客がたたみかけてくる。タイ人は普通、この種の諍《いさか》いを嫌うから、ドライバーは渋々メーターを使わざるをえなくなる。メーター拒否作戦は、なかなかうまくいかない。

しかしそれを見越した姑息なドライバーが出現してくるのもタイという国である。これ見よがしにメーターのスイッチを入れ、誠実なドライバーを装いながら車をスタートさせる。そしてモーターウェイと呼ばれる高速道路の料金所でこう伝える。

「高速代は千バーツです」

本当は二十五バーツで、その料金は支払いのときの掲示板に表示されるのだが、正直なドライバーと思い込んでしまうと、ちょっと高いと思いながらも千バーツ札を渡してしまう客もいるらしい。なかなか気が抜けないのだ。

話は少し戻るが、スワンナプーム空港のタクシーの水揚げが減ってきたとき、大多数のタクシードライバーは、別の場所に移らなかった。ということは、数こそ多

くないが、移動したドライバーもいたのだ。彼らの新しい稼ぎ場所は、空港と市内を結ぶエアポートレイルリンクの駅だった。ときに何倍もの儲けになる外国人乗客の味を忘れられないらしい。

エアポートレイルリンクに乗る外国人は、途中のマッカサン駅や終点のパヤタイ駅で降りることが多い。そこでクモのように網を張るわけだ。そこには、空港タクシーのように五十バーツを加算するルールはないが、客待ちを咎める警備員もいないから、やりたい放題である。大通りに出て、流しのタクシーを拾えば、なんの問題もないが、アジアのタクシーの不文律を知らない外国人は、ここで引っかかってしまうのだ。せっかく空港タクシーの罠をすり抜けたというのに……。

バンコクの空港にからんだタクシーの話を続けると、狼の群れのなかに迷い込んでしまった羊のような気分に陥るかもしれない。ぼったくりタクシーが手ぐすねを引いて待ち構えているのではないか……と。そんなことはない、といいたい気持ちはある。実際、こちらが恐縮してしまうほど礼儀正しく、誠実な運転手もいる。バンコクのタクシーの難しさは、気が滅入るほど質が安定していないことだ。ロシアンルーレットのように、ぼったくりタクシーに当たってしまう。その確率は、市内を走るタクシーより空港タクシーのほうが高い。弾倉に込められた弾がひとつ多いぐらいの割合だろうか。

ドーンムアン空港からスワンナプーム空港へと、バンコクの空港とは四十年近くつきあってきたが、この不安定さにぶれはない。かつてのドライバーはすでに引退し、若いドライバーがハンドルを握っているのだが、みごとなほどに同じことをしている。昔のタクシーは交渉制だった。メーターが搭載されたときは、「これで楽になる」と思ったものだが、この街では抱いてはいけない期待であることをすぐに知らされた。

「クーポン制にすべきではないか」

そんな苦言交じりの提案は、もう星の数ほど、空港に寄せられているはずである。しかし僕の記憶では、バンコクの空港は、一回もクーポンを導入してはいない。

クーポン制というのは事前払いシステムのことだ。カウンターに出向き目的地を告げると運賃が決められる。その額を支払うと、領収書を兼ねたクーポンを渡してくれることから、こう呼ばれるようになった。

このシステムは、アジアのいくつかの空港でとり入れられている。しかしまた別の、アジアらしい問題を生んでいる。

たとえばフィリピンのマニラ。ニノイ・アキノ空港のタクシーはクーポン制だ。

これは度重なるぼったくりタクシーへの苦情を受けたものだった。車も新しくドライバーも礼儀正しい。しかし運賃は、通常のタクシーの三倍に設定されている。口さがないマニラっ子は、「三倍タクシー」と皮肉っていた。

いくら三倍であっても、そう明記されたものだから納得がいく、という人もいる。三倍で安全を買っているようなもの……という考え方もある。しかし知人のフィリピン通の言葉は厳しい。

「安全を買っているというのは誤解。クーポンタクシーといっても信用できません。日本人は、タクシードライバーが高い運賃を要求するとぼったくりっていうけど、空港と話をつけた会社が、その利権を使って堂々と三倍の運賃を請求してもなにもいわない。これには首を傾げますね。それに一般タクシーは三倍もぼらない。せいぜい二倍。クーポンタクシーに支払われる金は、役人への賄賂にも使われる。それなら貧しいタクシードライバーにぼられたほうが、金をよほど有効に使えるんじゃないですか」

バンコクの空港が、そこまで読んで、クーポンタクシーを導入しないのではないはずだ。事実、事前払いのリムジンタクシー会社が空港で客引きをしてる。それとは別のクーポンタクシーが実現しないのは、その儲けをめぐって民間企業の綱引きが続き、その折り合いがなかなかつかないだけにも思えるのだ。

バンコクの空港タクシーをめぐるトラブルは、永遠に解決されないように思う。それは、タイ人やタイという国の本質に根ざしている問題だからだ。

## スワンナプーム空港とドーンムアン空港を結ぶ無料シャトル

タイのLCC（格安航空会社）は、日本よりはるかに進んでいる。タイ・エアアジアとタイ国際航空がつくったノックエアが双璧。それ以外にもLCCは何社かある。

タイ・エアアジアとノックエアは、タイ国内の政治権力とも絡んでいる。タイ・エアアジアは、タクシン元首相がつくった。それに対抗する形でノックエアが就航をはじめた。

タクシン元首相を支持するグループは赤シャツ派と呼ばれる。市内中心部を占拠し、最終的には外出禁止令まで出た二〇一〇年の騒乱は記憶に新しい。赤シャツ派に対抗するグループは黄シャツ派と呼ばれ、二〇〇八年には、スワンナプーム空港を占拠した。双方、なかなか過激な行動に出る。

シャツの色の違いは、客室乗務員の制服にも反映されている気がする。エアアジアはもともと派手な赤だったが、ノックエアは黄色の制服である。

両社ともスワンナプーム空港を使っていたが、ノックエアがドーンムアン空

空港間を走る無料シャトル。将来を危ぶむのは僕だけ？（S）

港に移った。ＬＣＣは少しでも効率のいい運航を組み立て、安い運賃を標榜する。混みあうスワンナプーム空港を嫌うのは当然だった。

しかしタイ・エアアジアは、スワンナプーム空港に居座っていた。おそらく、この空港が、タクシン時代につくられたことが原因のように思う。

その間にも、スワンナプーム空港の発着便数は増えていった。その数は成田空港の一・五倍にもなり、タイ・エアアジアも、さすがに限界だと判断したのだろうか。昨年（二〇一二年）、国内線だけでなく、国際線もそっくりドーンムアン空港に移った。

そこで浮上してきたのが、スワンナプ

ーム空港とドーンムアン空港の移動の足だった。

タイにやってくる人たちの玄関はスワンナプーム空港である。しかしタイ国内線や、バンコクを基点にＬＣＣでアジアをまわろうとすると、ドーンムアン空港まで行かなくてはならなくなった。

これまでも移動手段はあった。エアポートレイルリンクに乗ってパヤタイ駅に出、そこからＢＴＳでモーチット駅へ向かう。そこから路線バスやタクシーを利用することもできた。直通のバスもあった気がする。ロットゥーというマイクロバスやタクシーで移動することもできた。

空港のインフォメーションに尋ねてみた。すると担当の女性は、待っていたかのような笑みをつくった。

「無料シャトルが開設されたんです。三番の出口を出たすぐ前が乗り場です」

タイ・エアアジアの移転が九月。僕が聞いたのは十月のことだった。

アジアの大都市は、ふたつの空港を抱えているところが多い。ソウルの仁川空港と金浦空港、上海の浦東空港と虹橋空港、台北の桃園空港と松山空港、そして東京の成田空港と羽田空港などだ。それぞれ、ふたつの空港を結ぶ交通機関はあるが、無料というわけではない。それに対してバンコクは、無料シャトルというサービスを打ち出した。

乗り場に行くと、市内を走るオレンジ色の冷房バスが停まっていた。空港が市内バスを借りあげた形のようだった。印刷された時刻表も掲げてある。早朝から深夜までほぼ一時間おきに運行されていた。

可愛い女子大生を雇ってアンケートも行われていた。国籍、利用便、このバスをどうして知ったか……などといった簡単なものだったが。

バスは快適だった。モーターウェイ、首都高速、トールウェイという三つの高速道路を使い、四十分ほどでドーンムアン空港に着いてしまった。その車内で呟いていた。

「いつまでもつだろうか……」

にぎにぎしくスタートさせるのは、タイ人の得意技だが、それを維持するとなると、いくつもの「？」がついてしまう民族なのだ。

スワンナプーム空港と市内を結ぶエアポートバスがそうだった。バスターミナルまでつくり、そこまで無料のシャトルバスで結ぶシステムだった。新式のバスを導入し、路線も多かった。しかし二カ月がすぎ、半年がすぎた頃から、その運行が頼りなくなってきた。その頃だろうか。エアポートバスに乗った日本人からこんな話を聞いた。

「空港から市内に向かうバスはターミナルとかホテル街に停まるでしょ。エアポートバスだから降りる客はいるけど、途中から乗ってくる人はまずいないはずじゃないですか。ところが、途中のバス停から、タイ人がぞろぞろ乗ってくるんです。運賃？　払ってるんだか、払っていないんだか……」

その頃、空港に戻るエアポートバスは、安い運賃で乗せてくれる……という噂も流れてきた。空港に向かうのではない。市内移動の足として使える……というのだ。その運賃は、ドライバーのポケットに入っていくとも聞いた。そうこうしているうちに、エアポートバスの路線が減りはじめた。スタートしたとき、十路線あったのが、いまは五路線しか運行していない。本数も減っているようで、最近では、エアポートバスに乗ったという話をほとんど耳にしなくなった。

スワンナプーム空港とドーンムアン空港を結ぶ無料シャトルも、同じ道を進むような気がしてならない。なにしろこれは無料なのだ。ドーンムアン空港周辺やそれ以北に住む人が乗り込んでくる気がする。空港には縁のない人たちだ。そのうちに航空券をチェックするようになるかもしれない。

以前、ＢＴＳという高架電車の駅まで運んでくれる無料バスが走っていた。

ＢＴＳが運行をはじめて、それほど月日がたっていない頃だった。思ったほど乗客が増えないＢＴＳがはじめたサービスだった。この無料バスを利用できる条件は、ＢＴＳの切符をもっていることだった。ところが、このルールがどんどんゆるくなっていった。駅に置いてあるＢＴＳのパンフレットをもっていれば乗ることができるようになった。しかしタイ人は、さらにその上を行っていた。一度、この無料バスの始発から乗り込んだことがあった。車内に人はいるのだが、前かけをつけたり、長靴姿が多い。

「彼らもＢＴＳの駅に行くんだろうか……」

発車時刻になった。するといままで座っていた人が、ぞろぞろと降り、停留所の前に置かれた屋台の前に立った。

「……？」

彼らは冷房の効いた車内で涼んでいただけだった。

すべての乗り物は、タイ人の手にかかると、あらぬ方向に進化していく。いや、進化といってはいけないかもしれないが。

そんな不安を抱えながら、スワンナプーム空港とドーンムアン空港を結ぶ無料シャトルバスは走っている。

# 第三章　ホテル

中級者向き
ホテルバンコクにようこそ

バンコクで泊まるホテルは決まっている。サパーンクワーイにあるエンバシーホテル。気分でパヤタイ駅から歩いて行くことができるオペラホテル。最近はクロントゥーイのロンポーマンションに泊まることも多い。

日本での仕事を引きずっているときは、ロンポーマンションに泊まらざるをえない。このホテルの一階には、日本人の知人が働く旅行会社がある。そこにあるプリンターやスキャナーを使わせてもらうことができるからだ。

ロンポーマンションは、長期滞在向けの宿としては老舗である。日本人客も多い。仕事の匂いのする宿である。しかし僕にとってのバンコクの宿……といったら、やはりエンバシーホテルだろうか。

このホテルは典型的なタイ人向け中級ホテルである。外国人宿泊客はまずいない。宿代は一泊七百五十バーツ。二千円ほどである。

バンコクにはさまざまなホテルがある。チャオプラヤーに面した高級ホテル、市街地に多いサービスアパートメント、一泊の宿泊代が千バーツを切る中級ホテル、そしてゲストハウス……。その多くが外国人向けである。タイ人向けの宿は意外にみつけにくい。

いくつかの理由がある。バンコクに住むタイ人は、タイ人向けホテルに詳しくはない。彼らには必要がないからだ。バンコクにやってくる地方在住のタイ人もあまり詳しくない。同郷の親戚の家や知人の家に泊まることが多いからだ。

タイ人向けホテルは、偶然のようにしてみつかる。バンコク在住のタイ人とそばでも啜りながら、

「あの裏にあるビルはなに？」

などと訊くと、

「ホテルさ。ラブホ代わりに使うこともあるけどね」

といった答えが返ってきたりする。その言葉を頼りに、ソイという路地を進んでいくと、ひっそりと、しかしそれなりの建物が現れる。一階にあるレストランは営業しているのだが、ほとんど客がいないことが共通している。外観はとり繕っているものの、建物自体はかなり古い。

何軒かのこの種のホテルに泊まったことがある。フロントにいるのはおばさんが多い。意外なほど英語がうまい。部屋は思いのほか広く、ベッド以外にテーブルや

サパーンクワーイの屋台街。ここを通って帰宅する人は、だいたい途中で引っかかる

椅子もある。浴室には欧米式のバスタブもある。

「これはもともと、欧米人向けに建てられたのではないだろうか……」

そう思ったのはオペラホテルのレストランで朝食をとっているときだった。この店で働くおばあさんは高齢である。客の注文を厨房に伝え、できあがってくるまでの間に、椅子に座って寝てしまうほどだ。ホテルが開業したときから働いているのかもしれない。この食堂は細長く、中央の通路を挟んで左右にテーブルが並んでいる。列車のボックス席のようなつくりになっている。椅子の背は高く、人が座ると頭の頂が見える程度だった。こんな席に座って食事をとったことがある……。

アメリカだった。田舎町や都会の古い店で、こんな椅子によく座った。ということは、このレストランは、宿泊客のアメリカ人を意識したのかもしれなかった。バンコクに多くのアメリカ人がやってきた時代……ベトナム戦争の頃だった。東北タイの空港からは、当時の北ベトナムに向けて爆撃機が飛びたっていった。北爆である。バンコクのパッポン通りやパタヤは、アメリカ兵のための歓楽街として成長していった。ステージに上った水着姿の女性が、金属のポールに体を絡ませて踊る店はアメリカ軍の基地の街ではよく見かけた。いまのパッポンはオカマに席巻されてしまった店も多いが。

あの時代のホテル……。そう考えると、合点がいくことがあった。浅いバスタブがあることだった。タイ人は基本的にシャワーしか浴びないから、バスタブは必要ない。実際にこの種のホテルに泊まると、バスタブはあっても栓がないことが多い。湯を溜めないわけだから、なんの必要もなかった。

ホテル名もタイ風ではなかった。エンバシーやオペラという名前は、外国人を意識していた。

あの時代に建てられたホテルも、オーナーの資本力が潤沢だったり、外国からの資本が導入されたところは、高級ホテルに建て替えられた。しかしその流れに乗れなかったホテルは、すぐに故障するエアコンやエレベーターをなだめすかして生き延びていくことになる。当然高級ホテルのような料金はとれない。しかしかつては外国人も泊まったホテルだから、ヤワラートと呼ばれる中華街の安宿である旅社よりは格式がある。落ち着いたのが中級ホテルの位置だったような気がする。そこをタイ人が利用するようになったのではないかと思う。高級ホテルとゲストハウスは外国人旅行者が埋め、中間クラスをタイ人が埋めるというサンドイッチ構造ができあがっていったわけだ。

このクラスのホテルは、レトロというようには貧相である。かつて外国人が泊まった残り香はあるが、老朽化はかなり進んでいる。スタッフもそのままだから、人も老朽化していく。ホテル予約は電話である。幅を利かせるインターネットとは縁はない。フロントを眺めても、パソコンはなく、昔から使っている空室表を使っている。常宿のように使っているエンバシーホテルは、その典型のような宿である。
しかしこの宿に移るまでマイハウスホテルという宿の世話になっていた。バンコクに行くたびにこのホテルに泊まっていたから、そのつきあいは二十年以上になった。

この宿も、典型的な中級ホテルだった。エンバシーホテルは、サパーンクワーイという一画にあるが、マイハウスホテルは、それよりもBTSという高架電車でひと駅、都心寄りのソイ・アーリーにあった。

僕がはじめてバンコクに暮らしたのがこのソイ・アーリー界隈だった。タイ人の家に下宿させてもらった。その後、家族で暮らしたのもソイ・アーリーだった。

タイ人の家に下宿をしていたとき、散歩の途中で『HOTEL』の文字が目に入ってきた。そこでみつけたのがマイハウスホテルとミッドアリーホテルの二軒だった。マイハウスホテルは、パホンヨーティンという大通りから歩いて二分ほどのところにあった。この好立地が、やがてホテルの閉鎖を導くことになるのだが。

二軒のホテルは、どちらも、タイ人男性が、「ラブホ代わりに使うこともあるけどね」という類の宿だった。一階はフロントを通ることなく、車で直接入ることができるモーテルのつくりに改装されていた。四階建ての、規模も中ぐらいのホテルだった。

はじめて泊まったとき、マイハウスホテルはすでに古かった。ベトナム戦争時代に建てられたとしたら、二、三十年はたっていたことになる。

タイ人たちのホテル……。このホテルでその流儀を習っていったように思う。たとえば部屋には定員がなかった。部屋貸しという発想である。ソイ・アーリーは以前に住んでいたから知り合いが多い。まだBTSがなかった時代によくバス停で彼らと出くわした。

「あれッ、バンコクに来てたんだ。今夜、行ってもいい?」

それはソイ・アーリー界隈に住む僕の知人たちの間の符号のようなものだった。仕事の段どりは悪く、大切な伝言もすぐに忘れるというのに、この種の連絡は瞬く間にソイのなかを駆けめぐり、夕方になると、メーコンという安物のタイウイスキーの大壜を抱えて現れる。続いて別の知人が、ビニール袋に入ったおかずを三、四品手にしてやってくる。別の知りあいは新聞紙も持ってくる。おかずや酒の入ったコップをその上に置くのだ。あっという間に、こういう手筈を整えるのだ。この能力を別の分野で発揮したら、タイという国はもっと発展しただろうと改めて思ってしまう。

彼らが僕の部屋に集まるのには理由があった。話をしたい？　それもあるにはあるのだが、そう、理由の一パーセントほど。彼らの心の大半を占めているのは冷房だった。マイハウスホテルは、しばしば効きが悪くなるが、一応冷房が効いているのだ。

彼らは客でもないのに、部屋の電話でレストランに連絡をとり、コップ、皿、フォークやスプーン、氷、ソーダ、水などを頼む。マイハウスホテルは、各フロアーに二、三人のおばちゃん従業員がいた。彼女らはベッドメーキングなどの部屋の掃除が主な仕事だが、頼んだ洗濯物の引渡しや、レストランの厨房でつくられた食事を部屋に運ぶ仕事もしてくれる。もうすっかり顔なじみである。

彼女らがふたりがかりで、コップや氷、皿などを運んできてくれるのだ。金をとるのは、氷、ソーダ、水だけだから、その重さの割に支払いは少ない。

「本当、重い」

などと文句をいいながら、新聞紙の上にコップや皿を並べてくれるのだ。おかずもしっかりチェックしていく。

「この揚げもの、角の惣菜屋で買ったでしょ。あそこのはあまりおいしくないんだよ」

　宿のおばさんたちは、いつもひとこと多いのだ。部屋に集まった男たちは、おばさんに、

「最近、このホテルは冷房の効きが弱いんじゃない。電気代をけちってるでしょ」

などと減らず口をたたく。そうこうしているうちにひとりがシャワーを浴びはじめる。いったい誰がこの部屋に泊まっているのか、一瞬、わからなくなってしまうのだ。

　知人の携帯電話はしばしば鳴り、そのたびに部屋番号を伝えている。飲み会は時間がたつにつれ盛りあがり、新しい客が来るたびに、おばさんはコップと皿、フォークとスプーンを持ってくる。

　彼らは皆、ドアの外の通路で靴やサンダルを脱ぐ。そこには七、八足が並ぶことになる。これでもなんの問題もなかった。ときには、二、三人が泊まっていくこともある。なにしろ部屋は冷房が効いているのだ。それでも追加料金は一切とられない。

本来のホテルの使い方からすれば、これはルール違反だろう。しかしタイ人にかかると、波風ひとつたたない普通のことになる。

各フロアーにいるおばさんたちもタイ人だった。たまに昼頃、部屋に戻ると、僕の部屋に、数人のおばさんが集まり、テレビを見ながら昼食を食べていることがあった。床には新聞紙が広げられ、その上にご飯やおかずが載った皿が並んでいる。これに酒が入れば、男たちの飲み会である。

おそらく部屋を掃除していると、昼どきになってしまったのだろう。その部屋で昼食をとることになり、冷房をつけ、別のフロアーで働くおばさんにも声をかけて、昼食会になってしまったのだ。

僕が部屋に入っても悪びれる様子もない。

「ユージ、一緒に食べる?」

などと声をかけてくる。僕はマイハウスホテルでは「ユージ」で通っていた。「シモカワ」はタイ人には発音が難しかったからだ。おばさんたちと車座になって昼食を食べながら、不思議な気分になる。ここはホテルで、僕の部屋は……深く考えるのはやめよう。

タイ人の家に下宿したことがあるから、彼らの家でのすごし方は、ある程度わかる。その暮らしぶりには、プライベートな空間というものがあまりなかった。下宿代を払っていたということもあるが、僕にはひと部屋があてがわれていた。しかし入ってくるとき、ノックをする人はいなかった。

ホテルの部屋はプライベートな空間である。おばちゃんたちは、それを知らないわけではない。しかし客が外出する昼間におばちゃんたちは客の部屋で昼食を食べるのだ。

僕が部屋にいるときは、おばちゃんたちは部屋に入ることはなかった。午前中に部屋で仕事をしていると、おばちゃんがドアを開けた。

「大丈夫。掃除してかまいませんよ」

するとと彼女はこういった。

「照れちゃうから、後でしますよ」

正確にいうと彼女はグレンチャイというタイ語を使った。直訳すると「遠慮」である。しかしそこに、マークというタイ語をつけた。つまり、「たくさん遠慮してしまう」ということになってしまう。やはりおばちゃんは、掃除をするところを見られるのが照れ臭かった気がする。客がいないと勝手に入り、客がいると……やはりタイ人だった。

各階の女性陣に比べると、フロントのおばちゃんは、英語も理解するぐらいだから、外国人の習慣も理解しているはずだった。

昼間は太ったおばさんふたり組で、夜はやせたおばさん、三十代の女性、そして男性でローテーションを組んでいた。

一度、三泊するので、その分を一日で払ってしまおうと思ったことがあった。三泊分の代金をフロントに差し出した。

「……?」

太ったおばちゃんが不思議そうな顔をする。

「三泊分です」

「どうしてそういうことをするの?」

「いや……たまたまお金があったから」

「毎朝、払えばいいでしょ」

「そ……そうなんですけど」

宿代の先払いを拒まれたのははじめてだった。チェックインのときを思いだした。僕はなにげなく一泊分を払っていたが、そのとき、いつまでいるのか、とは決して訊かれなかった。

……そういうことだった。フロントはすべて一日単位で動いていた。明日のことはわからないのだ。宿代を払った人だけが一日いる。そこまで単純化してしまっていた。ホテルのフロントにしたら、こんな楽なことはないが、これでいいのか、という気にもなる。

それでいて予約は受け付ける。決して満室になることはないからできるのだろうが、やはり、これでいいのだろうか……と思うのである。

ホテルにはモーニングコールのサービスもあった。早朝、空港に行かなくてはならないときなど、頼むことになる。しかし三回に一回ぐらい電話が鳴らなかった。荷物をまとめ、フロントに降りていくと、フロントの女性は机に突っ伏して寝入っていた。そっと鍵を置いてホテルを出ることになる。

しかしフロントのスタッフも、タイ人らしいサービス精神は旺盛だった。チェックインのときによくこういって笑みをつくった。

「今回は、フロントに近い部屋が空いてますよ」

はじめは、それがどういう意味なのかわからなかった。マイハウスホテルにはエレベーターがなかった。客室には二階と三階をよく使っていた。あるとき、荷物を手に階段をあがると、そのすぐ横の部屋だった。歩く距離……。そういうことだった。タイ人は歩くことが大嫌いだ。フロントに近い部屋とは、あまり歩かないでもいいというタイ人らしいサービスだった。

タイの流儀がそこかしこに張りめぐらされたホテルとのつきあいは二十年以上になった。そして二〇〇九年にマイハウスホテルはなくなり、そこにコンドミニアムが建つと聞いたときは焦った。マイハウスホテルは、BTSが開通して、便利なホテルになった。BTSのアーリー駅から歩いて二分ほどの近さなのだ。周辺の再開発も急だった。次々に背の高いコンドミニアムが建っていった。ホテルのオーナーは、そのなかで見切りをつけたようだった。

マイハウスホテルの営業が最後という日も、僕はこのホテルに泊まっていた。「長い間、どうもありがとう」という言葉ぐらい伝えようかとも思ったが、なんだか照れ臭く、なにもいえなかった。前日にホテルは僕に一枚のカードをくれた。それはエンバシーホテルのカードだった。そこには、『SPECIAL RATE FOR MR. YUJI』と印字されていた。

「あなたのような外国人はこのホテルに行きなさい」

とタイ人にいわれているような気がした。

そのホテルカードを頼りに、エンバシーホテルを訪ねてみた。BTSのひとつ先

写真で見ると妙に立派なエンバシーホテル。電灯が全部点くのは珍しい

中級ホテルは、壁に栓抜きがとりつけてある。それなりに便利？

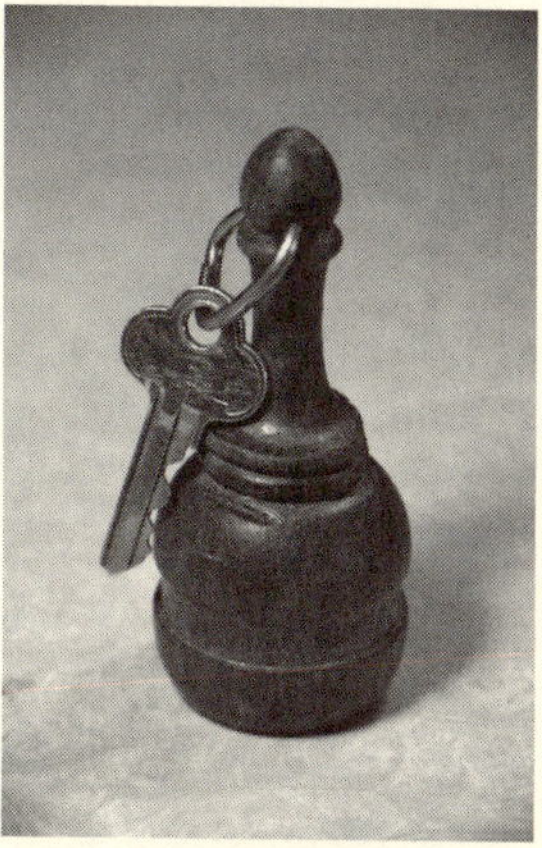

マイハウスホテルとまったく同じキーホルダー。年代もの

のサパーンクワーイ駅で降り、五分ほど歩いた。ソイの駅にあるホテルは七階建てで、ずいぶん立派なホテルに映った。

「ここがこれから世話になる宿か……」

感慨深げに見上げていたことを覚えている。

マイハウスホテルからエンバシーホテルに移った。部屋に入り、僕は苦笑いを繰り返していた。エンバシーホテルは、みごとなほどにマイハウスホテルと似ていた。違うのは建物の構造と部屋のレイアウトぐらいだった。フロントにはマイハウスホテルと同世代のおばさんがいた。全員が私服というスタイルも同じだった。もちろんパソコンはない。一階に客が少ないコーヒーショップがある。建物は古かった。おそらく同じ時代に建てられたのだろう。浴室にはちゃんと浅いバスタブがあり、やはり栓はなかった。頼りない湯の出ぐあいまで同じだった。そして木製キーホルダーは、まったく同じデザインだった。試しに部屋でパソコンのスイッチを入れてみた。ホテルのＷｉ‐Ｆｉ電波はなにもなかった。

おそらく部屋に何人泊まっても同じ料金だろう。フロントのおばさんたちは客がフロントから歩く距離を気にし、支払いは日払いにしろというのに決まっていた。

「読まれていた……」

いや、マイハウスホテルは、ホテル代を節約し、一泊七百バーツほどの宿に泊まり続ける日本人に気を遣ってくれただけのことだ。

一泊した。翌朝、一階に降りると見覚えのあるおばさんが出勤してきた。そうだ、マイハウスホテルのレストランで働いていたおばさんだ。一瞬、ここがどちらのホテルかわからなくなる。

「ユージも来たの？」

「はッ？」

「私は今日から、ここのコーヒーショップで働くことにしたのよ。私も含めて、五人が移った」

「……」

僕は五人の従業員と一緒にエンバシーホテルに移ったことを知らされた。

冒頭でもお話ししたように、いまの僕は、いつもエンバシーホテルに泊まっているわけではない。仕事の関係もあり、ロンポーマンションというアパート型ホテルにも泊まる。

ロンポーマンションに二、三泊すると、なにかぽそっとしている自分に気づく。この宿は快適だが、なにも起きない。タイ人がなにかをやらかしてくれないのだ。

ロンポーマンションは、外国人向けのアパート型ホテルである。タイ人が外国人に合わせている宿だ。しかし、かつてのマイハウスホテルやエンバシーホテルは、外国人がタイ人に合わせていくホテルだ。その味を知ってしまうとネットでホテル予約などできなくなってしまうのだ。

赤シャツ派がバンコク市内の中心部を占拠していたときもエンバシーホテルに泊まっていた。あれは土曜日の朝だったろうか。一階に降りていくと、フロント前がまっ赤だった。赤シャツを着た人たちが埋めていたのだ。

サパーンクワーイは、モーチットマイという北バスターミナルに近い。赤シャツ派を支持する人たちは東北タイに多い。彼らが集会に出るためにバスに乗ると、早朝に北バスターミナルに着く。その足でエンバシーホテルに来たのだろう。

大人数だから親戚の家というわけにはいかなかったのかもしれない。そもそもサパーンクワーイは、赤シャツ派支持者が多い庶民の街だ。東北タイからの出稼ぎ組には気心が知れた街なのだ。エンバシーホテルも、彼らを割引料金で泊めているような気もした。やはりこのホテルは、タイのホテルだった。

エンバシーホテルに移ったとき、ひとつの気がかりがあった。それは朝食だった。マイハウスホテルでは、ホテルの前の歩道に出る屋台で買っていた。屋台群はかなり充実していた。主食にデザート、コーヒー……となんでもそろった。高級ホテルのバイキングのタイ料理など足許にも及ばなかった。そしてうれしくなるほど安い。

タイ人が多く泊まるホテルの味わいでもあった。ホテル前の歩道を埋める朝食用屋台は、考えようによってはバイキングのようなものだった。マイハウスホテルにもレストランはあったが、とても太刀打ちできなかった。

豆乳にバートンコーというタイ風揚げパン、そして豆から挽いたコーヒー。これがマイハウスホテル時代の僕の朝食だった。食べる場所はホテルの部屋である。

エンバシーホテルの周りにも、そんな屋台があるだろうか……。はじめて泊まった翌朝、僕はホテル周辺の探索を開始した。

エンバシーホテルのあるソイは、タイ人向けオカマバーが集まる一帯である。夜の街だから、周辺に出る屋台は少なかった。プラディパット通りを渡ってみた。市場の近くまで行けば、屋台群があるような気がした。

勘は当たった。市場に続く道の両側に、びっしりと屋台が連なっていた。豆乳屋台もある。最近の豆乳はバリエーションも広い。僕は砂糖だけを入れたタイプが好みだが、黒ゴマ入りや煎り米を加えるものもある。隣の屋台では、炭火で肉を焼いている。その横ではココナツ菓子をつくっている。しばらく進むとバートンコー屋があった。

「ん？」

見覚えのある顔だ。

マイハウスホテル時代に毎朝バートンコーを買っていた屋台が、サパーンクワーイに移っていたのだ。この屋台のバートンコーを気に入っていたが、二年ほど前に消えてしまった。サパーンクワーイに移っていたのか……。

「マイハウスホテルのあるソイ・アーリーは土地代があがっちゃってね。屋台の貸料も値上りしたから、こっちへ移ってきたんだよ」

屋台のおじさんと話し込む。

「マイハウスホテルも昨日で終わり、コンドミニアムになるそうです。だから、僕もあそこのエンバシーホテルに……」

「お互いにソイ・アーリーからサパーンクワーイに移動か」

「……」

僕らは高級化がどんどん進むソイ・アーリーから追いだされ組だった。妙な連帯感に包まれながら、一個二バーツ、約五円のバートンコーを三個買う。そして帰り道に六バーツの豆乳……。

サパーンクワーイの市場。規模は大きくないが、
早朝からタイの匂いに包まれる

これが僕の定番朝食。それぞれに
こだわりがあります。一応

20年以上買っているバートンコー
屋。サパーンクワーイで再会

しかしコーヒー屋台はみつからなかった。インスタント系の昔ながらのコーヒー屋台はあるのだが、豆から挽いたコーヒーを淹れてくれる屋台がない。サパーンクワーイは庶民の街だから、まだ本格コーヒーの需要はないのかもしれなかった。

とりあえずバートンコーと豆乳。コーヒーは昔ながらのタイプが十二バーツ。締めて二十四バーツ、約六十五円。幸せの朝食がそろった。

## 路上の朝食

それから二年ほどして、サパーンクワーイにも、本格コーヒー屋台が登場した。バートンコーや豆乳屋台の出る路地ではなく、パホンヨーティンという大通りに面した歩道だった。やはり売れゆきを考えて、表通りにしたのだろうか。タイ人の多くがそうなのだが、新しく店を出したときは、タイ人とは思えないほどどきびきびと働く。問題は持続力なのだ。その屋台を切り盛るのは、四十代に映るおばちゃんだった。はじめて発見したとき、すでにふたりの先客がいた。朝日を受けた額に汗をにじませながら、注文をこなしていた。

順番がまわってくるまで、店に掲げられたメニューを読んだ。タイ語だから少し時間がかかる。

「モカ……」

今朝はそれを頼んでみることにした。おばちゃんはすでに挽いてあるコーヒーのパウダーを容器に入れ、ドリップマシンにセットした。やがてコーヒーが抽出されると、別の容器から茶色の粉末をすくってぱらぱらとかけて、スプーンで丁寧に攪拌した。

「その粉末は？」

訊くとおばちゃんは、自信たっぷりにこう答えた。

「ココア」

「僕が頼んだのはモカ……」

「コーヒーにココアを入れるのがモカ。研修でそう習いましたけど」

「そ、そうですか」

後日、日本人の知人に訊いてみた。

「そういえば、スターバックスのモカもココアを入れるなぁ」

調べてみると、それはカフェモカだった。アメリカで生まれた飲みものだという。ホイップを入れることもあるらしい。

おそらくこういうことのような気がする。タイには昔からコーヒーがあった。カフェーボラーンと呼ばれる。昔コーヒーという意味だ。以前からあるコーヒー屋台はこれを出している。そこにスターバックスが参入してくる。値段は五、六倍。しかし欧米風の本格コーヒーだった。タイ人が豆を挽いたコーヒーを飲むようになったのもその頃である。

これがチェーンのドリップコーヒー屋台。ブラックコーヒー20バーツ

歩道には朝からさまざまな屋台が出る。流行り廃りも激しい世界だ

それを見たタイ人のなかに、スターバックスのコーヒーに似せたものを屋台で出したら……という発想が生まれる。タイ人はすぐに屋台に結びつけてしまうのだ。そこで登場してきたのが、本格コーヒー屋台だった。料金は、スターバックスの三十パーセント……。

スターバックスのメニューをパクるのは当然のことである。カフェモカは、モカと短い名前になり、本格コーヒー屋台に定着していった気がする。だから、日本のコーヒー専門店で、モカを飲んでいた日本人は混乱することになる。タイでのモカは、カフェモカなのだ。バンコクにある高級ホテルのコーヒー専門店のメニューには、モカという豆のコーヒーはあるかもしれない。そういう店にあまり出入りしないのでわからないのだが。

おばちゃんが口にした言葉で、もうひとつ気になるものがあった。「研修」と彼女が口にしたことだ。そこから見えてくることがある。サパーンクワーイに登場した本格コーヒー屋台は、チェーン店だった。屋台の設備、ドリップ機械、コーヒー豆など一式を渡され、おばちゃんは売り上げの何パーセントかを受けとる仕組み……。いやタイのことだから、そんな面倒なことはしない。本格コーヒー屋台のレンタル料を払うだけかもしれない。とにかく、屋台もチェーン展開の時代。それがいまのタイでもある。

バンコクのホテルで思うことがある。朝食付きのホテルを選ぶ人は多いが、ちょっとつまらない気がする。たしかに高級ホテルの朝食は立派でお得感があるかもしれない。しかし中級ホテルのそれは、トーストに目玉焼き、コーヒーといったパターンが多い。あるいは粥だろうか。

しかしバンコクの路上の朝食は、もっとバリエーションに富んでいる。粥にしてもジョークという種類がある。これは一種の潰し粥で糊のようにどろっとしている。欠けたり、潰れたりして、米として売りにくいものを使っていると聞いたことがある。等級の低い米である。しかしそこに内臓や刻んだしょうがが、卵などを加え、立派な朝食に仕立てている。庶民の朝食なのだ。

タイ人は朝にご飯を食べる人も多い。ちゃんと、それ用の屋台も出る。おかずも選ぶスタイルが多いから、自分の好みの朝食になる。

麺派もいる。米からつくった麺では、太い順にセンヤイ、センレック、センミーの三種を置いてある店が多い。日本のきしめんのようなセンヤイは消化がいい。

タイ式の朝食は安い。どれも五十バーツもしない。

# 第四章　運河と寺院

バンコク最後の
運河タクシーじいさん。
そして九寺めぐり……

バンコクの運河への興味が再燃したのは、二〇一一年の洪水だった。タイ中部からはじまった洪水は、アユタヤの工業団地に流れ込み、バンコク市内も北部が浸水した。最終的には、バンコクのスクムビット通りやシーロム通りに水は入らなかった。ひと段落したとき、バンコクの人たちはこういったものだった。

「結局、センセープ運河が水をくい止めてくれた」

バンコクは東洋のベニスと呼ばれる。古いガイドブックには必ずそう書いてある。運河の街なのだ。しかし、その存在をすっかり忘れていた。

バンコクとは四十年近いつきあいになる。暮らしたこともある。タイでは毎年、どこかで洪水は起きている。たまたま、五十年ほど、バンコクは大規模な洪水に見舞われることがなかった。それも運河の存在感を薄めていた一因だった。災害というものは、いつも忘却の背後に控えている。

アユタヤが浸水していた頃、日本から治水の専門家がバンコクにやってきた。タイの専門家は、一枚の板と水で、タイの洪水を説明したという。

「板の上に、こう、水をたらします。板を右に傾けると、水は右側に動きます。左に傾けると左に。これがバンコクの洪水対策なんです」

もちろん地面を左右に傾けることなどできない。その役割を担っていたのが運河だった。

バンコク市街から東に六十キロほどのところをパンパコン川が流れている。バンコク市街を流れるチャオプラヤー川と同じように、シャム湾に流れ込んでいる。歴代の王は、バンコクを洪水から守るために、この川を利用する工事を進めてきた。満水になったチャオプラヤー川の水を、パンパコン川に逃がす作戦だった。そのために運河を掘っていった。運河は水門で調整した。パンパコン川の水位が下がってくると水門を開け、チャオプラヤー川の水を運河を伝って逃がそうとしたわけだ。これが、タイの洪水対策の専門家がいう、板を傾けることだった。

何本もの運河がつくられた。ラオス人に掘らせた運河もある。チャオプラヤー川からパンパコン川に至る主なルートは、センセープ運河、タン運河、ブリロム運河だった。そして運河を伝うように、バンコクの街は拡大していった。いまは道路網が発達し、水運路としての役割も薄れてしまったが。

昨年（二〇一二年）、発刊された『週末アジアでちょっと幸せ』（朝日新聞出版刊）で、センセープ運河を走る運河ボートに乗ってみた。そしてもうひとつ、プラカノン運河からプリロム運河に入るボートにも乗った。いまのバンコクに残っている運河を辿る船は、このふたつしかなかったのだ。

週末バンコク──。サパーンクワーイの路上で買った豆乳とバートンコー、そしてコーヒーを飲みながら今日一日を考える。さて、なにをしようか……。

気になる老人がいた。以前、プラカノン船着き場で運河ボートを待っているときだった。ひとりの老人が、簡素な木製ベンチにぼーっと座っていた。一瞬、目が合った。「あれに乗る？」といったしぐさで、船着き場に停めてある小さなボートのほうを見た。そのうちに、乗り合いの運河ボートが到着して、老人はその手伝いに席を立ったが。

あの老人は、運河タクシーの運転手なのかもしれない。……ということは、あの小さなボートに乗れば、バンコク市内の運河を自由に乗りまわすことができる。

行ってみることにした。BTSという高架電車に乗り、プラカノン駅で降りた。駅の東にある市場の脇を抜けると船着き場に出る。

いた。

老人はベンチに座って目を閉じていた。眠ってる？　声をかけてみた。

久々の客に顔が引き締まったマーンじいさん

「おじいさんは運河タクシーの運転手？」

「そう、好きな所まで運ぶよ、あのボート。四人まで乗ることができる」

阿部稔哉カメラマンとふたり連れだった。話を聞くと運河をどこまでも辿れるわけでもなかった。

「チャオプラヤー川の方面？　あそこはだめ。行けるけど、しばらく走ると水門になる。そこまでだな。センセープ運河？　行けるけど、大型の運河ボートがスピードを出して走るから、こういう小さな船は邪魔なんだ。だけど、タン運河は走ることができる。センセープ運河との合流点までは大丈夫。ブリロム運河？　だいぶ先まで行けるよ。ここから出発する乗り合い運河ボートは、イアム市場のところまでしか行かないけど、そのずっと先までいける」

「パンパコン川まで？」

「そりゃ無理だ。遠すぎる。途中に水門があるんだが、そこまでだな」

乗ってみることにした。一時間、七百バーツ、千九百円ほどである。

年齢を訊くと七十歳だった。十歳の頃から運河で働いているのだという。イスラム教徒だった。たしかにブリロム運河方面は、バンコクのなかではイスラム系の人々が多い一帯だった。名前をマーンといった。マーンじいさんと呼ぶことにした。

「昔はこの船着き場をぎっしりと運河タクシーが埋めていたもんさ。どんどん客が減って、いまじゃ俺だけさ」

これまで目にしてきた運河を思い出してみた。ブリロム運河、センセープ運河……。どこにもマーンじいさんが操るような小型船はなかった。チャオプラヤー川には、ルア・ハンヤーオという細長い船が走っていた。チャーターできるという意味ではタクシーといえなくもないが、二十人は優に乗ることができる大きさだった。水上マーケット方面に行けば、小型船を目にするが、物売り専用といった感じで、タクシーではない。ひょっとしたら、バンコクに残った唯一の運河タクシーかもしれなかった。

ミズスマシになったような気分だった。これまで乗った運河を走る船のなかで、いちばん視線が低い。両側にコンクリートの壁が続く運河を、マーンじいさんの船はとことこと進みはじめた。

最初にチャオプラヤー方面に進んでもらった。運河は二手に分かれた。幅の広い方にマーンじいさんは舵を切る。そこから五分ほど進んだだろうか。目の前に運河幅いっぱいに広がる堤防のようなものが見えてきた。高さは十メートル以上ある。ダムのようにも映る。

マーンじいさんのボートで運河を進む。バンコクでは貴重な時間

運河の水はきれいではない。が、
人々は平気で水に入る。免疫力、
鍛えられてます

ブリロム運河は風が通る。洗濯物
も当然、運河側に干す

タン運河とブリロム運河の分岐点。かつてここに市が立ったような家並みだ

運河沿いでおじさんが昼寝。次に僕がやってみたいこと。決まりました

ボートから運河沿いに暮らす人にちょっとあいさつ。タイ人の笑顔が返ってくる

「水門？」

マーンじいさんは頷いた。

水門というものは、開閉式の扉のようなものだと思っていた。しかし実際の水門は、そんな単純な構造ではなかった。おそらくすごい水圧がかかるのだろう。扉式ではその力に耐えられないのかもしれなかった。

地図に視線を落とす。運河の曲がり具合から推測すると、チャオプラヤー川までは一キロ近くある。その間にも、いくつかの水門があるのだろうか。

船をUターンさせてもらう。高速道路下のプラカノン船着き場を通りすぎる。十分ほど進むと大きな分岐に出た。かつてはここに市がたっていたような風情で、運河に沿って古びた木造家屋がぎっしりと連なっている。三カ月ほど前の記憶が蘇ってくる。僕が乗った乗り合い運河ボートは、ここで舵を右側に切った。ブリロム運河に入っていったのだ。しかし今回、マーンじいさんは左側に入っていく。タン運河である。

分岐をすぎたとたん、異臭が鼻についた。センセープ運河と同じどぶの臭いである。都心を流れるセンセープ運河は、かなり汚れているのだろう。タン運河がセンセープ運河につながっていることを臭いが教えてくれる。

単調な船旅になった。乗り合い運河ボートが走っていないためか、運河に面した雑貨屋や通路もない。行き交う船もない。

目に飛び込んできたのは高速道路の支柱だった。頭上をコンクリートの道が走っている。高速道路下は、地面がむき出しになっていて、思い出したようにトラックが停まっている、人の姿もほとんどない。タン運河はそこからいったん西に進み、東に向かって大きく曲がった。前方にバンコク市街のビルが見える。住宅も少しずつ増え、運河街の雰囲気が少しずつ戻ってくる。

前方にアーチ式の橋が見えてきた。クロンタン橋だろうか。とすると、あのあたりがセンセープ運河との合流点である。

マーンじいさんが、エンジンのギアを切り替えた。船は低いエンジン音を残して、ゆっくり合流点に近づいていく。

「ここまでだな」

背後からマーンじいさんの声が響く。しばらくここに停まってもらうことにした。センセープ運河を走る乗り合いボートを見たかったのだ。エンジンが停まると、船はゆっくりと後ろに動いていく。運河の水は、一見、静止しているように映る。しかし静かにバンコクのなかを移動しているのだ。

「昔はこの先まで行けたんでしょ」

「そうさ。ここからバンランプーまでも行ったし、インジャルーンまでもな。若い頃は船にエンジンもついていなかった。手で漕いだ。一日がかりだったな」

インジャルーンといえば、ドーンムアン空港の裏手である。かなりの距離だ。

マーンじいさんの六十年になる運河の人生は、船が陸上輸送に凌駕されていく年月だった。バンコクに張りめぐらされた運河の上を、西へ、東へと動いているうちに、いつの間にか客が消えていったのだ。

目の前を通りすぎていったセンセープ運河のボートは、見あげるほどに大きかった。高い波がたち、僕らが乗る船は大きく揺れ、慌ててボートの縁をつかんだほどだった。

四十分ほど戻り、ブリロム運河に入った。このあたりは、運河街の機能がまだ残っている。運河に面して入口がある家が続くのだ。郵便ポストも運河に面している。家庭のゴミも、その横に置かれていた。その間を、船はのんびりと進んでいく。

マーンじいさんは、なにを思ったのか、船を運河岸の小さな船着き場に停めた。

「トイレでも行くんだろうか。年をとると、おしっこが近いからな」

などと思っていると、ポリタンクを手に、船着き場に上がったマーンじいさんはこういった。

「すいません。五百バーツ貸してもらえませんか」

「……？」

「ガソリンが終わっちゃって」

懐かしい会話だった。十年ほど前まで、タクシーに乗ると、よくこんな会話が交わされた。タイのタクシーのガソリン代は、ドライバーが自腹で払う。走りはじめたときは現金をもっていないドライバーも多い。その日の売り上げが少ないときにガソリンが切れてしまうこともある。そんなとき、こういう話が交わされた。先に運賃の一部を払ってもらい、その金でガソリンを買うのだ。最近はそんなやりとりもなくなった。マーンじいさんの船に乗る客はほとんどいない。収入も知れたものなのだろう。

いったいどこまでガソリンを買いに行ったのかわからなかった。二十分ほど待っただろうか。マーンじいさんは、ポリタンクをさげて戻ってきたが、それを持って船に乗る階段を下りるのも大儀そうだった。そう遠くない日に、マーンじいさんはプラカノン船着き場に姿を見せなくなるかもしれない。もう七十歳なのだ。

燃料が入ったエンジンは、再び、とことこと進みはじめた。街並みも途切れ、草原や工場が広がっていった。やがてシーナカリン通りの橋の下をくぐる。この近くにイアム市場がある。乗り合い運河ボートの終点である。そこからさらに三十分ほど西に進んだだろうか。前方に高さが十メートルを超えそうな大きな水門が見えてきた。

運河タクシー旅の終点だった。地図で確認すると、スワンナプーム空港に近いエアポートレイルリンクのラートクラバン駅のそばだった。

「帰ろうか。もうこのボートが走ることができる運河はないからなぁ。久しぶりに、よく走った」

そういったのはマーンじいさんだった。

船から降りると、すでに昼をまわっていた。午後である。昼さがりである。バンコクに暮らしたり、長期にわたって滞在した人は、この昼さがりという言葉に敏感である。

暑いのだ。

あごが出てしまうほど暑いのだ。

たしかに日本の夏も暑い。湿度も高いから不快である。七月、八月などは、日本の暑さのほうが厳しく、「バンコクに避暑にいってきます」などという人さえいる。しかしその言葉には、やがて心地よい秋がやってくることが織り込まれた余裕が匂い、バンコクに暮らす日本人はカチンとくるのだ。バンコクでは、寝苦しい夜をいく晩重ねても秋はやってこない。タイの季節は、暑季、雨季、涼季に分かれるが、涼季という言葉にはタイ人の願望も含まれていて、日本人の感覚からいうと夏なのである。昼さがりの気温は三十度を超える。

暑さというものには、蓄積性があるような気がしてならない。一年目より二年目、二年目より三年目のほうが暑く感じてしまうのだ。体内に熱源が少しずつ溜まっていくのだろうか。

暑い昼さがりは昼寝である。冷房の効いたオフィスにいるならいいのかもしれないが、今日のように三時間も運河タクシーに乗っていると、体が昼寝を欲してしまう。

バンコクでタイ語を勉強していたとき、よくワット・ベンチャマボピットという寺で昼寝をした。タイ語の学校が終わるのは、午後一時近かった。それから昼食をとると、猛烈な睡魔が襲ってきた。僕はバスに乗ってこの寺に行き、回廊に敷かれたすのこ板の上に体を横たえた。なぜ寺？　深い意味はない。寺は涼しいのだ。この寺は、別名に大理石寺ともいわれ、バンコクでは名の知れた寺だったが、そんなことは関係なかった。涼しい場所をみつけて寝るだけだった。バンコクの暑さのなかでは、皆、猫のようになっていく。

寺に行ってみようか。

もうひとつ理由があった。実は翌朝、マラソンに出るつもりだった。さしてトレーニングも積んでいない。こういうときは神頼みになってしまうのが日本人だった。

しかしタイの寺は、日本の寺のように、家内安全とか、商売繁盛を願って手を合わせ、大学合格や恋愛成就を祈願する場所ではない。テーラワーダといわれる上座部仏教の世界は、日本の大乗仏教とは違う。上座部仏教を学んだわけではないが、タイにこれだけかかわっていると、わかってくることがある。タイの寺で手を合わせることのなかに、現世利益も含まれているのだが、金儲けや恋がかなうことを願っているのではない。個の問題なのだ。タイ人と一緒に寺に行き、「なにを祈っていたの?」と訊くと、「自分をみつめ直していました」などという言葉がぽんと返ってくる。いつもは金儲けしか頭にないようなタイ人でも、人が変わったかのような顔をするのだ。

だがタイ人はそんなに立派な人たちではない。身近な願いごとをいっぱい抱えている。それを一手に引き受けているのがインドの神である。バンコクでいったら、アマリンプラザの横にあるエラワン祠や伊勢丹の前にあるふたつの祠が有名だろうか。そこに安置されているのはガネーシャ、トリムルティー、ブラフマーといったインドの神なのだ。大きな建物にはこの祠がある。住宅にも小さな祠がある。そこにまつられているものは仏像ではない。

タイ人は寺でも祠でも手を合わせるが、そのとき心に抱いている思いはみごとに違う。使い分けているのだ。

しかしタイ人はこんなこともいう。

「九つの寺をまわるといいことがある」

アジアでは「九」はラッキーナンバーである。それに引っかけているような気がしないでもないが。

インドの神に頼るか、九つの寺めぐりに託すか……。僕は日本人だから、やはり寺めぐりだった。

そこで悩むのは、九つの寺をどう選ぶかということだった。とにかくタイは寺が多い。バンコク市内にも、そこかしこに立派な寺がある。

タイ全土にある寺はランク分けされている。一級、二級といった分け方だ。そんなことをしていいのかとも思うが、タイ人はときどきこういうことを平気でする。

バンコク市内に第一級寺院は十寺ある。そのなかから九寺を選ぶ。ご利益を考えれば、それが筋というものだろう。第一級寺院には、僕にとっての昼寝寺であるワット・ベンチャマボピットも含まれている。好都合だった。

タクシン橋の船着き場からチャオプラヤーエクスプレスに乗った。この船はチャオプラヤー川を遡上しながら、川沿いに建つワット・アルンの前を通る。船から寺に向かって手を合わせて、ひとつ目の寺をクリアーした。ティアン船着き場で降り、ワット・ポーに向かう。拝観料が百バーツもするので、チケット売り場の前まで行って手を合わせる。開け放たれた窓から、涅槃仏の胴体を拝むことができるのだ。これでふたつ目……。

バンコクの第一級寺院の多くは、ワット・ポー周辺に点在していた。このあたりを中心に、バンコクは形づくられていったからだ。

現在のタイ王朝はチャクリー王朝という。いまのプミポン国王は九世になる。一世がここに王朝を築いたのは一七八二年。しだいに周辺が整備されていく。運河もその事業のひとつだった。王宮周辺では、バンランプー運河とオンアーン運河が掘られた。東側をチャオプラヤー川、西側を運河……王宮のある土地は島のような構造になった。この一帯がラタナコーシン島とも呼ばれるのはそのためだ。チャクリー王朝の別名でもあるラタナコーシン朝もこの地名に由来している。第一級寺院は、ラタナコーシン島に多いわけだ。

ワット・ポーを出、公園の脇を進み、運河に沿った道を歩いた。ワット・ラーチャプラディットという寺に行きたいのだが、なかなかみつからない。道を歩いている人もいないから、訊く人もいない。ワット・ポー周辺とずいぶん違う。やっと一軒の屋台に出合い、おばちゃんに教えられたその入口は、幅一メートルもなかった。知らなければ通りすぎていた。入ってみた。観光客は誰もいない。正面に高さが五メートルほどのパゴダがあったが、改修工事中のようで足場が組まれていた。周囲の通路も閉ざされている。寺男のような男性が現われた。どこかへ用事で出かけるらしい。もの好きな観光客が来たか、といったそぶりで、一応、説明してくれる。

「ここはバンコクで三番目に古い寺なんです。内部の螺鈿《らでん》細工は、日本からの寄進ですよ」

それほど由緒ある寺が、こんなことでいいのだろうか。立ち去ろうとした彼が思い出したようにいった。

「夕方五時には、僧がやってくるので、そこの扉が開きますが……」

ワット・アルンの参拝は船から。こんな安易なことでいいのかと思いながら

ワット・ポーは拝観料をケチって、この窓から。涅槃仏様、ごめんなさい

ワット・ポーの前はツアーバスがぎっしり。ほとんどが中国人を乗せたバスだった

ワット・ラーチャボピットの入り口。威厳のなさそうな警察官像が守る？

ワット・ラーチャボピットの境内。
建物は立派だが、狭苦しい

豚記念碑。王女が豚年だったから
とか。十二支の世界だ

それまでは待てない。鼻白む思いで手を合わせた。

四番目のワット・ラーチャボピットは、運河を挟んだ対岸にあった。運河沿いに豚記念碑が見え、その横に人だけが渡ることができる狭い橋があった。助かった。この橋がなければ、遠まわりを強いられてしまう。

ワット・ラーチャボピットの入口には、警備のおじさんが机を出し、ぽつんと座っていた。ここも参拝客がいない。警察官の木像をはめ込んだ観音開きの扉があり、そこを入るとパゴダがあった。しかし狭い敷地にさまざまな建物があり、手狭さが募る。パゴダを写真に撮ろうとしても、フレーム内に収まるまで後ろにさがるスペースもなかった。

ここからワット・スタットまでは七、八百メートルの距離だった。歩くことにしたが、暑いバンコクでは、そろそろ辛くなってくる。水でも飲み、ひと休みしたい。これまでまわった四つの寺はどれもせせこましく、仏像の前で座って休む、いや手を合わせるスペースがなかった。一般的なタイの寺は、仏像の前にじゅうたんを敷いた広いスペースがある。そこで祈り、その後、ぼんやりと仏像を眺める時間が好きだった。寺は天井が高く、風も吹き込み快適な空間でもある。

しかし政府や王室、寺が密に建つラタナコーシン島では、そんな余裕がないらしい。そのなかを汗を流しながら歩くから、ご利益があるのかもしれないのだが。

ワット・スタットは現王朝の一世が建てたという大きな寺だった。本堂の周りの木陰では何人ものホームレスが寝入っている。

本堂には、休憩、いや祈りのスペースがあった。ほっとひと息である。途中で買ったペットボトルの水をぐびぐびと飲む。

この寺は有名な大きなブランコに面している。そちら側に出ると、入口に拝観料ブースがあった。二十バーツ。僕は裏口から入ってしまったようだった。

かつて大ブランコはタイ族の祭りには欠かせないものだった。いまでもタイ北部に多い少数山岳民族は、祭りのときに、このブランコを組み立てて乗る。タイ族はもともと、山から平地に降りてきた民族だから、当時の風習をバンコクに残しているわけだ。このブランコは鳥居のルーツともいわれる。そう聞いて眺めるとよく似ている。ただ高さが二十一メートルと、少し大きすぎるが。

ここで五つの寺をクリアーした。ラタナコーシン島には、あとふたつの第一級寺院がある。バンコクでは最も由緒正しいワット・マハタートとカオサンにあるワット・ボウォーンである。少し距離があるのでトゥクトゥクに乗ることにした。運転手たちは、寺の名前をいっただけで、すぐに理解した。やはり有名な寺だった。し

ワット・スタットはホームレスの昼寝寺だった

タイ族の祭りには欠かせなかったブランコ。女性しか乗ることができなかった

ワット・ボウォーンが開放される日は多くない。敬虔なタイ人が集まる

寺の本堂は涼しい。参拝後に小休止。それくらいブッダは許してくれる……はず

かしこのあたりから寺の表情が混じりあってくる。どの寺も同じに見えてくるのだ。ワット・マハタートはアユタヤにもあるタイ寺院の代表格であることや、ワット・ボウォーンはプミポン国王も学んだ……などと知識の区別はできるのだが。寺まわりの疲れが出る頃なのだろうか。これを乗り越えないとご利益はない、と自分にいい聞かせるのだが、仏像の顔は、もう区別ができなくなってきている。

気分はワット・ベンチャマボピットの昼寝に傾いていく。七つ目のワット・ボウォーンを出ると、急ぎ足で道を渡り、タクシーを停めてしまった。

ワット・ベンチャマボピットは、大理石寺として有名だが、ラタナコーシン島の外にある。とても歩いて行くことができる距離ではなかった。

「ん？」

ワット・ベンチャマボピットの門をくぐって首を傾げた。いつもと雰囲気が違う。なぜ、こんなにも警官がいるのだろうか。彼らは休憩中のようで、ブーツと上着を脱ぎ、Tシャツ姿になっている警官も多い。芝生の上で横になっている警官もいる。この寺の昼寝スポットに行くには、二十バーツの拝観料がいる。ここまで一バーツも払ってこなかったが、昼寝のためには……とブースに向かうと、そこも閉まっていた。

なにか変だった。

本堂に向かったが入ることはできなかった。僕の昼寝スペースは、本堂の背後につくられた回廊なので問題はなかったが、そこに視線を移して目を疑った。

先客がいたのだ。

いかつい男たちが、僕が寝るはずのすのこの上をぎっしり埋めていた。皆、警官だった。なかには弁当を食べたり、携帯電話をいじっている警官もいる。もちろん昼寝をしている警官も多い。

朝のニュースを思い出した。明日、この寺の近くにあるラマ五世騎馬像前広場で、反政府集会が開かれることになっていた。

タイの政界は、元タクシン首相派の赤シャツ派と、それに対抗する黄シャツ派に二分されている。いまは赤シャツ派が政権を握り、インラック首相はタクシンの妹である。この二大勢力の行動は激しく、スワンナプーム空港占拠や市街地占拠という争乱も起きている。黄シャツ派の集会となれば、その整備に警官が動員されても不思議はなかった。

実際に翌日の集会では、デモ隊と警官の衝突が起きた。催涙弾も飛んだ。十数人が負傷し、百三十人ほどが拘束されている。

その前日から警備にあたる理由はわかる。しかし、彼らの休憩場所が寺ということに違和感が残った。昼寝の場所を奪われたから？　それもあるのだが、宗教と政治というものは分離していると、石炭ストーブが燃える信州の中学校の教室で習った僕には、どうもしっくりこないのだ。

タイの政界は王室と深くかかわっている。そして王室は寺院につながっている。第一級寺院の多くは、歴代の王が建てたものが多く、一級、二級という等級の決定にも王室が関与している。だから治安維持のために、警官が寺を休憩場に使うことは当然のこと……という論理が成り立つのだろう。なんだか話が生臭くなってきた。

ここまで八つの寺をまわってきた。そこで肌に伝わってくる感覚。それは第一級寺院はどれも、王室と深くかかわる寺ということだった。ご利益を与えてくれるのは王室？　そんなことはない。

最後の寺に向かった。ワット・マハタートという。六番目に訪ねたワット・マハタートとなにが違うのかわからなかった。

実は最初に訪ねたワット・マハタートで、入口の脇に座っていた老僧に訊いてみていた。

「あっちは新しい。六十年ぐらい前にできたからな」

大理石寺は美しい。しかしこの日は警官の休息所。ちょっと悩む

「なにが違うんですか」

「名前が違う。むこうはワット・プラシー・マハタート。こっちはワット・マハタート・ユラワート・ランサリット」

禅問答のようだったが、どうも独立した寺らしい。しかし一般のタイ人の間では、新しいワット・マハタートのほうがなじみがあるようだった。大きな葬儀がよく行われるためだった。

新しいワット・マハタートは、バンケーンというエリアにあった。ドーンムアン空港の東側である。

大きな門をくぐった。そのとたん、なにか解放されたような気分に包まれた。最後に訪ねたワット・マハタートは、広い敷地のなかにあった。大きなパゴダ。

何部屋もある葬儀場棟。中央には小川も流れている。ようやく歴史が重いラタナコーシン島から脱出し、いまのタイに戻ったような気がした。

中央に白いパゴダがあり、その内部に入る通路があった。入ってみると、なかにもうひとつ、小型のパゴダがあり、周りで数人のタイ人が瞑想していた。静かにまわる扇風機の音。どこからか聞こえてくる鳥の声。それ以外、音はなにひとつしなかった。

音をたてないように座り、瞑想の真似ごとをしてみる。目を閉じる。「自分を外側から眺めなさい」。タイの瞑想センターでは、こうして指導してくれるのだと聞いたことがある。自分を客観視？　そんなことをしたら、自己嫌悪で立ちあがれなくなってしまうのではないか……。はじめはそんなことを考えていたのだが、すぐに猛烈な睡魔が襲ってきた。昼寝のスペースを警官たちに横どりされてしまった。なんとか九寺めぐりはこなしたが……。これではご利益など、期待できそうもなかった。

新しいワット・マハタートで瞑想？　いえ、眠気と格闘中。すいません

ワット・マハタートではカメを池に放していた。徳を積む行いといわれる

## 運河ボートとチャオプラヤーエクスプレス

バンコク市内を走る船には、運河ボートとチャオプラヤーエクスプレスがある。

運河ボートは本文にも登場している。

現在、運航している運河ボートは二路線。ひとつは、民主記念塔に近いバーンファー船着き場を東側の起点にして、マハナーク運河とセンセープ運河を走りバンカピの先のワット・シープンルアンまで向かうセンセープ線。もうひとつは、プラカノン船着き場からイアム市場まで走るプラカノン線だ。かつてはバンランプーからバンコク中央駅のあるファラムポーン、ドーンムアン空港の東側にあるインジャルーンまでの路線などもあったが、年月とともに路線が減ってきている。

乗客が多いのはセンセープ線だ。バーンファー船着き場から乗ると、伊勢丹デパートに近いプラトゥーナーム船着き場で乗り換えることが多い。運賃は乗る距離によって違うが、バーンファーから終点のワット・シープンルアンまで

チャオプラヤーエクスプレス。意外と難関

乗って二十バーツだ。

詳細は九章の「船で行くローカルバンコク」を。

センセープ運河には、いくつもの橋が架かっている。運河の水かさが増すと、ボートの天井が橋にぶつかってしまう。それを防ぐために、船頭がレバーを引くと、屋根が低くなるようになっている。それを目撃すると、「ほーッ」と少し感動する。運河の水が増えるのは、雨季が終わりかけている十月から十一月だ。

チャオプラヤー川を上り下りするチャオプラヤーエクスプレスは、通勤客と観光客が混在している。チャオプラヤー川沿いには、オリエンタルホテル、ペニンシュラホテル、ヒルトンホテルなどの高級ホテルが並ぶ。途中のティアン船着き場やチャーン船着き場で降りれば、ワット・ポーやワット・プラケオにも近い。ワット・アルンも川沿いにあることは本文でもお話しした。観光客が多いのは、そのためだろう。褐色の大河と周囲に続く市場やビル群……。川風にはエキゾチシズムも漂っている。

しかしこの船には、渋滞を嫌う通勤客も乗る。川上の終点はノンタブリーだが、バンコク市街から向かうと、たしかに早くて安い。トンブリー側に住んでいる人にとっても、便利な乗り物だ。通勤の時間帯には、かなり混みあう。

それに気を遣ったのか、観光客向けにツーリストボートを運航させた。これが煩わしい。通常のボートとの区別がつきにくいのだ。船がやや大きく、前方でマイクをもった女性が英語で船着き場名を案内してくれるのだが、違いといえばそれだけなのだ。英語といっても、固有名詞は変わらないわけだから、ワット・プラケオのあるチャーン船着き場は、「ピア・チャーン」というだけだ。以前は、途中の名所などの解説もあったように思うが、いつ頃からかなくなってしまった。

これで運賃が同じなら問題はないのだが、普通のボートなら十バーツ台だった運賃が、急に四十バーツなどといわれると、やはり戸惑ってしまう。間違えるのはタイ人のほうが多い。

しかし普通のチャオプラヤーエクスプレスもややこしい。急行と普通があるのだ。旗の色で分けられているのだが、わかりにくいこともある。思っていた船着き場を通過してしまい、停まった船着き場で下りの船に乗ったのだが、それも通過し、チャオプラヤー川を行ったり来たりした経験が僕には二回ある。

# 第五章

# 道端夕食

## 歩道のフードコートで孤独のグルメ

バンコク行きの飛行機選びには、いくつかの選択要素がある。運賃……。いちばんの決定要素かもしれない。マイレージという呪縛もある。そんなことに左右されたくないという思いはあるのだが、あの手、この手の誘いをなかなか振り切れない。

僕はユナイテッド航空のマイルを貯めている。一年間にユナイテッド航空やスターアライアンスというグループの飛行機に五万マイル以上乗ると、ステータスが上がる。乗ったフライトマイルに二十五パーセントのボーナスが加算されるのだ。こういうことに心が乱れてしまうのだ。東京―バンコク間のフライトで、五万マイル貯めるためには、五回近く往復しないといけないのだが。

もうひとつの飛行機を決める要素に、運航スケジュールがある。日系航空会社、タイ国際航空、アジア系航空会社は選択肢は多い。

日本とバンコクを結ぶ飛行機の時間帯は、ふたつに大別される。午前中に日本を発ち、夕飯どきにバンコクに着く便か、午後から夕方にかけて出発し、深夜にバンコクに到着するか……のどちらか。その日の夕飯をバンコクで食べるか、機内食になるかという問題である。

週末バンコクという日程を考えたら、やはり夕飯はバンコクという時間帯になびく。立ち昇るタイ料理の匂い、冷凍ではない香辛料の清冽な辛さ、舌に新鮮な酸味……本物のタイ料理が待っているのだ。それに比べると、バンコクに深夜に着く便はつまらない。僕がしばしば乗るユナイテッド航空もその時間帯である。空港から市内に向かうエアポートレイルリンクという電車も終わっていることが多いから、タクシーでホテルに向かう。それは、「もう寝るか」といった時間である。タイがどこからも入ってこない。胃のなかに残っているのは、無国籍の機内食である。

しかし運よく夕方に着く便に乗ると、ホテルに向かう道すがら、車窓に映る看板に心が揺れはじめる。

さて、どこで夕飯を……。

週末バンコクの旅と聞いたとき、ひとり旅をイメージする。日本で面倒な人間関係のなかを泳いでいるわけだから、バンコクにいるときぐらい、ひとりになりたいと思う。旅先で日本的な気遣いなどしたくない。

実際、バンコクにいるとき、夜はひとりでいることが多い。仕事柄、昼間は人に会ったり、取材らしきものに走りまわっていることもあるが、どうしても会わなければいけないわけでもないのに、あえて人と一緒に夕飯を食べようとは思わない。

しかし、海外での〝ひとり飯〟には、意外に苦労する。以前、ニュージーランドのサムナーという町を訪ねたことがあった。クライストチャーチからバスで三十分ほどの町である。その日は夜までその町にいなくてはいけなかった。中心街にレストランが三軒ほどあった。しかしその店はどこも、テーブルにロウソクの灯りが揺れていた。そんな店に、中年の男がひとりで入るのも……と足が止まってしまうのだ。結局、テイクアウトのフィッシュアンドチップスの店に並んだ。大きな紙に包まれたそれを手に、また悩む。これをどこで食べようか……。結局、ビーチに面した公園のベンチしかなかった。ニュージーランドに行ったというのに、公園でフィッシュアンドチップスに胸焼けしながら、南半球の空を見あげることになる。

バンコクではそんなことはないでしょ。そう思うかもしれない。しかし、ひとり飯には困るエリアも次々に出現している。

あれは昨年だったか。バンコクに滞在中、カンボジアに向かう青年と会うことになっていた。彼はBTSのプロムポン近くのホテルに泊まっていた。ホテルのロビーで会った。

「どういう店にいきましょうか」

「下川さんの本によく出てくるような、気楽な屋台がいいですよ。僕も高級レストランって柄じゃないですから」

彼はカンボジアの農村に、ボランティアとして住み込もうとしていた。バンコクははじめてだった。僕はプロムポン界隈の店には詳しくなかった。日本人の駐在員向けの店が多く、あまり縁がなかったのだ。近くの会社で働く知人に電話をかけてみた。

「そういう店、もうその界隈はほとんどないんだよ。そばだけの屋台なら出るけど、ビールを飲みながらっていう店がない。しゃれたタイ料理店か日本人向けの居酒屋になっちゃうんだ。そのほうが儲かるんだろうね」

タイがはじめてという青年と、日本風の居酒屋というのも妙な話だった。少し探したが、やはりない。結局、それでも少し安そうなタイ料理店に入った。しかし世界が違った。テーブルクロスがかかったテーブルに、大きめな白い皿がセッティングされていた。分厚いメニューを渡された。長い料理の説明が英文で書いてある。値段も高かった。一品が二百バーツ以上した。ボーイが注文をとり、ワインを飲むときのようなグラスにビールを注いでくれた。隣の席から、三人連れの日本人女性の会話も聞こえてくる。ガイドブックに載っている店なのかもしれなかった。

「バンコクって、けっこう高いですねぇ」

「いや、こういう店だから……」

そう言葉を濁しながら、

(ひとりじゃ、入れない店だな)

と呟くしかなかった。

週末バンコクの男ひとり旅なら、泊まるホテルのエリアを考えたほうがいいかもしれない。シーロム通りやスクムビット通りのなかには、しゃれたタイ料理店しかない一画が出現している。ホテルの検索サイトを見ると、この界隈のホテルがぞろぞろ出てくる。安いホテルもある。しかし夕食で苦労する。外観を眺め、気後れするような店が軒を並べている。ドアの前にメニューを置くような店が多いのだ。

「バンコクだというのに……」などといいながら、空腹を抱えて、店の前を行ったり来たりすることになる。しかし、ドアを開ける勇気がない。店のスタッフはタイ人だから、笑顔で迎えてくれるだろうが、カップルやグループがテーブルを占めていたら、よけいに孤独感に苛まれる。苔のように路地裏に繁殖していた昔ながらの屋台も見あたらない。バンコクのツーリストエリアは、そんな世界が出現しつつあ

この屋台は、素材を並べ、客の注文で料理をつくる。タイ語の壁が立ちはだかる

る。

　幸いなことに、僕がしばしば泊まるサパーンクワーイは、下町である。制服姿のボーイがいるようなレストランはほとんどない。屋台はサパーンクワーイの交差点から西に向かう、プラディパット通りの南側に店が集まっている。気楽そうな店が並び、その前の歩道を屋台が埋める。その間を縫うように、帰宅する客が歩いていく。

　屋台の中央あたりに立ってみた。庶民向けの店や屋台だから、なんの気後れもなく、椅子に座れそうな店ばかりだ。と、そこでぎっしりと並ぶ屋台の前で呆然としてしまう。店の数が多すぎるのだ。どうしてバンコクという街は、こうなってしまうのだろうか。

しかし腹も減ってきた。歩道を埋める屋台を端からのぞいてみることにした。屋台街は距離にして五百メートルほど続いている。

いちばん隅にある店は、肉や魚、野菜などの素材を屋台に並べた店だった。客は素材を指さし、調理法を伝える。その内容が、アバウトなタイ人とは思えないほど細かい。「唐辛子は一本で、油は控えめにね」などといった指示を出す。調理人はその注文を受けてつくるというタイ料理の真骨頂だが、味を正確にイメージできない外国人には難関である。しかしいちばん隅で店を出すということは、腕にかなりの自信があるらしい。

丸い素焼きの器の鍋料理屋台が出現した。歩道にテーブルも三個ほど用意されている。チムチュムと呼ばれる東北タイの鍋である。酸味と辛みの効いたスープの記憶に喉が鳴った。

タイ料理の鍋といったら、タイスキが知られている。かつて日本を訪ねたひとりのタイ人が、しゃぶしゃぶを見て思いついた鍋だという。当時、坂本九の『上を向いて歩こう』が世界的に流行っていた。海外では、『スキヤキ』というタイトルで広まったが、その「スキ」とタイを合体して料理名を決めたともいわれる。その後、

チムチュム屋台では、炭火も歩道で熾す。ついでに肉も焼く。歩道の合理主義

肉は溶き卵を絡めて鍋のなかに入れる。コクが出るからとか

チムチュムの土鍋。必ず炭火ということに、タイ人は妙にこだわる

このタイスキは、高度成長を象徴する料理として育っていく。日曜日に、冷房の効いた大型店で家族と一緒に食べる鍋……そんな感覚が定着していくのだ。健全な鍋なのだ。

しかし男ひとり、屋台で食べる鍋といったら、このチムチュムである。屋台や冷房のない東北タイ料理屋に多い。まずは一軒キープ……とひとりごちて先に進む。

リフレクションズという派手なレストラン、アブイブラヒムと読める店もある。どちらもこの界隈では珍しく冷房が効いている。しかし客は少ない。訊くと、アブイブラヒムはイスラエルやパキスタン料理の店だという。なぜ外国人が少ないこの街に……。店の前でしばらく悩む。この二店は、バンコクのどこに店を開いても浮いてしまう類だ。この界隈では、ひときわ異質感を醸し出している。

続いてシーフード屋台、タイ風焼きそばのパッタイ専門店。このパッタイをタイ人はよく、夜食に食べる。バナナの芽を付け合わせにするのだが、これがカロリーが高く、最近のバンコクでは人気が下降気味だ。そして生のパパイヤを使ったタイ風サラダ、ソムタム屋。煮込んだ豚足をご飯に載せてくれるカオカームーの屋台もある。その向かいにカオマンカイというタイ風チキンライスの屋台。白衣に白いコック帽をかぶった頑固そうな主人。タイ人には珍しい、チキンひと筋人生かもしれない。

　次々に出現する屋台で足が止まる。もうその数は二十軒を超えただろうか。屋台を前にすると、なぜかひとりごとが多くなる。バンコク版『孤独のグルメ』気分である。

　一軒のそば屋台の前で、釘づけになってしまった。主人がバーミーと呼ばれる中華麺のそばをつくるのだが、その動作が実に軽やかだった。まるで音楽に合わせているかのようにリズミカルに麺をほぐし、刃の先に神経を集中させてそばに載せる肉を切る……。茹であがった麺をざるですくう。一連の動作が流れるように進んでいく。

　横には奥さんらしいおばさんが立っていた。彼女は注文をとり、丼を片づけて洗い、そして代金をもらう。そういう役割だった。いや、そう思っていた。

　ところが客が途切れたとき、屋台の横に立って、なにやら左手を動かしているのだ。不自由になった左手で小さな玉を握ってリハビリに励んでいるようにも見える。しかし身の動きは、いたって普通のおばさんだ。手が不自由な様子もない。

　少し移動し、左手を凝視する。

「嘘だろ」

掌にはワンタンが握られていた。右手にワンタンの皮を数枚載せ、それを左手で一枚とる。と、左手の皮だけで具をつかみ、指先を小指から折るように動かしてワンタン一丁あがり。右手は皮を載せるだけにしか使わず、左手だけでワンタンをつくってしまうのだ。

日本のテレビでも、たまにタイ人の料理パフォーマンスが紹介される。空芯菜炒めを投げて皿で受けたり、空中にアイスクリームを投げてコーンで受けたり……。しかしそれらは、お調子者のタイ人が、客を呼ぶために考えたアイデアである。

タイ人はテンションを維持するのが苦手な人たちである。あるとき、そばを丼に投げるパフォーマンスが話題の店に行くと、ごく普通の、さしてうまくもないそば屋だったりする。「あの投げる技は?」と訊くと、

「飽きた」

などという言葉を、鼻毛を抜きながら平気で返してくる人たちなのだ。

しかし、このおばさんは違った。屋台横の暗がりで、注文を受けながら、左手が動いているのだ。テーブルにあいた器が溜まると、屋台裏で丼を洗い、気がつくと、屋台横の定位置に立って、左手を動かしている。そしてトレーには、次々に茹でる前のワンタンが並べられていく……。

左手からワンタンができあがる瞬間。神業である。溜息である。「！」である

この屋台は汁なし麺も人気だった。牛テールのスープまでつく歩道の贅沢。35バーツ

ワンタンそば。つるり、とワンタンを食べ、麺を啜る。すべてが絶妙

路上の屋台で神業に出合ってしまった。これは食べないわけにはいかないではないか。

その衝動をぐっと抑え、さらに進む。屋台はまだまだ続くのだ。そばの屋台が多くなってきた。歩道のテーブルで箸を動かす客のそばをのぞき見する。店によって具やスープが違う。エビ煎餅らしきものをそばの脇に派手に盛りつける店もある。麺の種類も多様だ。汁あり、汁なしも選ぶことができる。四軒ほどのそば屋台が続いているが、ここから編み出されるそばだけで軽く百種は超えてしまうだろう。

心が乱れる。

バンコクではいま、ショッピングセンターや量販店のなかにつくられたフードコートが定着している。中央に百個以上のテーブルが並び、その周りのブースにさまざまな料理の店が入る。タイ料理だけではない。西洋料理や日本料理の店もある。客は入り口でクーポンを買って支払うシステムが多く、日本人の間ではクーポン食堂とも呼ばれる。

このスタイルを屋台の進化系という人もいる。衛生問題も解決される。しかし路上の屋台が減ったわけではない。テーブルを囲むか、歩道に沿って延びていくかの違い……。いや、違う。歩道の屋台の競争は、フードコートの比ではない。味のレベルも確実に高いはずだ。フードコートにはマーケティング理論も生かされているのかもしれないが、路上の競争を凌駕することはできないのだろう。

　この屋台でそば……。いや、今日はあのワンタンではないか。見てしまった以上、通りすぎるわけにはいかない。

　おばさんは屋台の前で馴染み客と話し込んでいた。客も少し途切れたらしい。

「ワンタンください」

　するとおばさんは、「バーミーのなかに入れるともっとおいしいよ」と有無をいわせずワンタン入りバーミーを主人に伝えてしまった。日本でいうワンタンそば。タイのおばさんならではの強引さだった。次に待っている鍋のことが心をよぎり、ワンタンだけにしたかったのだが、主人は軽やかな身の動きで、そばを湯のなかに放り込んだ。

　あっという間に、ワンタンそばがテーブルに置かれた。ナムプラーというタイの魚醤油、砂糖、粉末赤唐辛子を入れてスープの味を調える。やはりワンタンから食べてみる。ぎっしりと具が入っている。日本のそれの三、四倍といったところか。麺も啜ってみる。たしかにワンタンとのとり合わせは絶妙だ。吹き出す汗も拭かずに、たいらげてしまった。これで三十五バーツ、九十円ほど。申し訳ないほど安い。

腹ごなしに屋台が並ぶ歩道をぶらぶらと戻ってみる。途中の路地の入り口に、トラックが停まり、荷台にドリアンが積まれていた。脇で盛んに硬い殻を割っている。ワンタンそばを食べている間に、トラックが到着したらしい。路地の反対側には、ドリアンの果実のほかに、熟れたマンゴーも並んでいる。

人によっては、ドリアンと聞いただけで、その臭いに顔をしかめる。しかしくせのある臭いは、ときに熱狂的な愛好者を生んでしまう。シンガポールには、このドリアン食べたさに娘を売ったという話すらある。その臭いとマンゴーの甘い香りが、路地の入り口で絡み合い、気が遠くなりそうな南国の豊潤さが鼻腔を刺激する。その横には、もち米の上にマンゴーを載せ、コンデンスミルクをかけた人気デザートもある。とんでもないカロリーだと思うが、この虜になっている人も多い。日頃のダイエットも、バンコクの路上では霧散していってしまうらしい。「タイだから、まぁ、いっか」。そう自分を甘やかす日本人も多い。濃密な南国の果物の香りはなかなかくせ者なのだ。

振り返ると、ガトゥーイが流し目を送ってきた。ガトゥーイとは、日本でいうニューハーフやおねえに当るのだが、僕にはレディーボーイという表現がしっくりくる。いかにもそんな感じなのだ。困ったことに、タイにはこのガトゥーイがやたら多い。中学生男子の四人にひとりはガトゥーイだと聞くと、この国の将来を憂いたくもなる。彼が働いているのは、甘いもの系屋台だった。どうもこの一画に、デザート系が集まっているらしい。歩道に連なる屋台は、一見、雑然と並んでいるように見える。しかし屋台の主人同士が話し合っているのか、なんとなくご飯系、麺系と分けられている。そのひとつがデザート系ということらしい。アバウトな区分けは、タイらしいが。

別次元の味覚を、歩道で味わっていた。チムチュムという鍋の酸味のあるスープは、胃に軽い。ワンタンそばなど、タイの麺のスープは、どちらかというと中国系タイ料理だ。鶏ガラや豚骨からスープをとる。タイ周辺はインドシナと呼ばれる。食文化も中国の影響を受けている。

しかしレモングラスやコブミカンの葉、ショウガの一種などを煮立たせてつくるチムチュムのスープは、純血タイ料理の趣がある。酸っぱくて辛いスープのさらりとした味わいは、別の味覚を刺激する。燃料は炭火でなくてはならない。頼み方も簡単だ。チムチュムというだけでいい。肉や魚は選ぶが、野菜などはセットのように出してくれる。量も多くない。足りなくなったら追加注文すればいいから、ひとり鍋にちょうどいい。味も量も、丸ごとタイなのだ。いつも暑い空気に包まれる夕イ人が求めた味。そこにはいつも爽快感がベースにある。

だから食後に甘いものがほしくなる？　ガトゥーイが働く屋台のテーブルに座ってしまった。賑わっている。ガトゥーイが人気なのではない。皆、トーストにコンデンスミルクをかけたものを注文する。飲み物はミルクティー、牛乳などなんでもある。

満腹の腹をさすりながら、ぼんやりと屋台を眺める。女の子が次々にトーストを焼いている。そこにバターを塗り、どんどん積みあげていく。欧米人には許されないことかもしれない。バターでしんなりとなってしまうトースト。ぱりっとした食感が消えていってしまう。

しかしタイ人はなにも気にしない。タイ語でパンのことは、カノムパンという。カノムとは菓子の意味。米を主食にする彼らにとって、パンは菓子なのだ。

頼んでみた。コンデンスミルクをかけて、ガトゥーイが運んできてくれた。ひと口サイズに切ってある。

「……ん？」

いけるのである。皿を前に腕を組んでしまう。これはトーストか？　いや、違う。しかしさくっとした食感は残っている。あえていえば、ケーキ……。こういうもの

西洋で生まれた食パンは、バンコクの路上でここまで進化した

だったのか。

　しかし食パンを焼き、バターを塗り、コンデンスミルクをかけるだけでなぜケーキのような味わいになってしまうのだろう。

　食パンを焼いているところをもう一度眺めてみる。見たこともない道具で焼いていた。鉄板の下が赤く光っている。

　遠赤外線？　そういうことなのだろうか。ひと皿二十バーツ、約五十円。その謎は、バンコクの路上で深まっていく。

## 雑貨屋飲み屋は日本の立ち飲み？

タイ人の酒の飲み方は、日本人や欧米人とだいぶ違う。日本人や欧米人にとって、ビールやワイン、日本酒は食事とセットになっている。しかしタイ人のなかでは、別のものという発想が強い。

歩道に店を出すような屋台には、だいたいビールが用意されていない。しかしそこはタイだから、頼めば、近くの酒屋やコンビニから買ってきてくれる。料金も原価というか、店で買った値段で請求されることが多い。そもそも酒で儲けようとはしないのだ。

しかしこの種の店で、ゆっくりとビールを飲むのは気が引ける。回転が速く、隣の席で麺類やご飯ものを食べる人が入れ替わり、立ち替わり……というなかで、ビールを飲み続けるのはなかなかできることではない。

外国人がビールを飲みながらタイ料理……と思ったら、高級なタイ料理レストランに行くのが無難だ。その種の店は外国人向けだから、最初に飲み物を訊いてくる。テーブルにはシンハービールやワインが置かれる。

ソーントーン・ボーチャナー。夕方は満席（S）

　ではタイ人は、ビールを飲みたいときに、どんな店に入るのか。この説明は意外と難しい。若者向けの店は多い。店内に響く音がやたら大きい。最近ではワインバーにも若者が集まる。中年おじさんはかなり勝手で、普通の食堂も飲み屋にしてしまうが、あえて傾向をいえば、中国系の経営者が仕切るシーフードレストランあたりが酒を飲みやすい雰囲気をもっている。エビのイルミネーションが眩しい観光客向けの店ではない。お粥屋ともいわれる店で、日本の居酒屋にあたるだろうか。僕が知っているのは、BTSのチョンノンシー駅に近いレックシーフード、ランスワン通りのウォンリー・ランスアン、ラーマ四世通りのソーントーン・ボーチャナー、パホンヨーティン通りのラオラオあたりだろうか。しかしこの種のシーフード屋も、最近は観光客が我が物顔で入ってくる。とくにソーントーン・ボーチャナーは、ガイドブックに出ているのか、韓国人観光客が目立つ。バンコクのおじさん連中が隅に追いやられている感すらある。

東北タイ料理屋も、飲み屋に変身することがある。東北タイ料理は、ビールのつまみにすると、やけにうまいからだろうか。

路上店でいったら、最近は、本文でも紹介しているチムチュムの店に男たちが集まる傾向がある。チムチュムの鍋のある店は、東北タイ料理だから、豚の喉肉を焼いたコームー・ヤーンやラープなどを頼み、ビール壜を並べることになる。

だが、バンコクの男たちが、いちばんビールをよく飲む場所。それは雑貨屋の店先のように思う。雑貨屋は、バンコクのソイに沿ってひっそりと店を構えている。その店先には、石製のベンチや、プラスチック椅子が置かれていることが多い。テーブルがある店もある。

用途はさまざまだ。店番のおばさんが座っているときもあるし、子供がそこに座ってアイスクリームを食べていることもある。そこで夕飯を食べる人もいる。

タイの雑貨屋の冷蔵庫には、ほぼビールが入っている。もちろん売り物だが、たぶんどの店より安い。コンビニのように、深夜の十二時以降は買うことができないということもない。

これは重要なことなのだが、雑貨屋には氷とコップがある。

「おばちゃん、そこでビール飲んでいい？」

と声をかける。すると、おばちゃんは、

「ダーイ、ダーイ（もちろん）」

というと、奥からコップをもってきてくれる。ビールは冷えているが、バンコクは暑いから、すぐにぬるくなってしまう。そこでも雑貨屋の威力が、いかんなく発揮される。冷凍庫や、大型ジャーのなかに入っている氷をすくってコップに入れてくれるのだ。この氷代は、だいたいサービスである。そして、雑貨屋の店先の椅子に座って、ぼんやりとビールを飲む。雑貨屋だから、ポテトチップスやピーナツなどの乾き物は売られている。そしてこの確率がかなり高いのだが、奥でちょっとした料理をつくってもってきてくれる。ときには残り物だったりするのだが。これもサービスなのだ。

ずいぶん図々しく映るかもしれないが、バンコクの男たちの多くは、こうして仕事帰りの一杯を楽しんでいるのだ。ビールを一本飲んで、ピーナツをひとつ買うぐらいなら、五十バーツもかからない晩酌である。

ときに近所の男たちも集まってきて、本格的な飲み会モードに入っていくこともある。まあ、日本でいったら、立ち飲み屋の感覚だろうか。

# 第六章　酒場

いつも土の匂いのタイフォーク。
レインツリーの二十年

タイという国は、意外なほど酒が飲みにくい国だ。バンコクを眺めていても、一見、その感覚は伝わってこないかもしれない。雑貨屋やコンビニには、平気でビールやウイスキー類が置かれている。ラオカーオというタイの焼酎も売られている。食堂に入れば、男たちがビールを飲んでいる。若者向けのレストランに入れば、トールという派手な生ビールサーバーがテーブルの脇に立っている。これは一メートルほどの透明プラスチック製の筒で、二重構造になっている。外側に氷を入れ、中央に生ビールを満たす。冷たい生ビールがいつも飲めるというわけだ。

こういう光景を目のあたりにすると、「いったいこの国のどこに酒の飲みにくさがあるの……」と首を傾げるかもしれない。

しかし深夜、コンビニに行くとビールを買うことができない。午前零時以降の販売が禁止されているのだ。いくら人のよさそうな店員でも難しい。レジのポスシステムで管理されているためだ。時間帯でいうと、午後二時から午後五時、午前零時から午前五時まで酒類を買うことができない。青少年の飲酒を防ぐ目的もあるのだろうが、どこかニュアンスが違う。そして、このルールについて、タイ人は文句ひとついわない。

タイでは仏教にちなんだ祝日も禁酒になる。仏誕節にあたるウィサーカブーチャーや入安居のカオパンサーなどだ。選挙の前日も禁酒になる。仏教の祝日は太陰暦で決まるので、毎年、その日が変わる。もちろん選挙の日どりも決まっているわけではない。感覚的には、突然、禁酒日が出現する。

タイのことだから、徹底しているわけではないが、概ね守られているように映る。酒類を飲むことができるのは、外国人向けホテルに限られてくる。なんだかタイが突然、イスラムの国になったような気になるのだ。

イスラム社会――。一応、酒は飲めないことになっている。先日、インドネシアのジャカルタにいた。最近のジャカルタは、外国人向けの店や中華街、バックパッカー街の食堂を除くと、ほとんどの店でビールを飲むことができなくなった。しかし街なかのコンビニに入ると、堂々とビールが売られている。中華系のインドネシア人が飲むから……という言い訳はつくが、買っている人を見ると、浅黒い肌をしたインドネシア人ばかりだった。

パキスタンは原理主義の影響が強いのか、昔から飲酒は厳しく制限されていた。

あれはアフガニスタンへの空爆が開始された頃だった。僕は国境に近いペシャワールにいた。報道に絡んだ仕事もあり、この街に入っていた新聞記者と会った。街の最高級ホテルのバーなら酒が飲めた。ふたりでそこに入ったが、そこにある酒壜の裏に書いてある国名に首をひねった。ウイスキー、ジン、ラム……どれもパキスタンでつくられていた。バーからビールをもち出し、ホテルの部屋で飲んだドイツ人記者が国外追放になっていた。そこまで厳しくしているというのに、自分の国で酒をつくっているのだ。

大義名分——。イスラム教徒にとって、禁酒という戒律はその傾向が強い。嚙み砕いていえば、人前では酒を飲んではいけないということなのだ。もちろん敬虔な教徒は律儀に守っているが、国や人によっては、そう拡大解釈される。食堂では飲まないが、家では酒が欠かせないイスラム教徒は少なくない。

タイ人にとっての酒も似たところがある。日本では小乗仏教といわれる上座部仏教をタイ人は信じている。この仏教は戒律仏教ともいわれる。僧は百三十を超える戒律がある。一般の教徒が守らなければいけない戒律は五つある。

嘘をついてはいけない

生きものを殺してはいけない

酒を飲んではいけない
不純な異性交遊の禁止
物を盗んではいけない

仏教徒のタイ人は、この五つを守らなければならないのだ。タイ人が本当にこの戒律を守っているのか、というのは愚問だろう。タイ人の男のなかには、少し金ができると、ミヤノイづくりに全精力を傾けるタイプが多い。ミヤノイとは妾のことだ。それは不純ではないというのだろうか。

困ったことに、戒律のなかには禁酒も含まれている。ほかの戒律に比べると、どこか軽いような気がするのは、僕らが大乗仏教の国に育ったからだろう。仏教というものは穏やかな心理状態を大切にする。その教理からすれば、酔うということは、忌み嫌うことなのだ。

しかしタイ人の多くは酒を飲む。そこから先は、大義名分というタイ的な世界に入り込むことになる。飲酒は禁止だという戒律を巧みに使い分ける細道にわけ入るわけだ。

タイ人社会には、飲み屋というものがない。日本でいう小料理屋とかスナック、バーといった類のものがない。しかしバンコクには、パブもバーもある。タイ人はこう考える。あれは、バンコクにやってくる外国人のものであって、タイ人のものではない。バーには行くが、それは外国人とのつきあいや彼らへの気遣いであって、行きたいわけではない。タイ人らしい我田引水だと思うが、こうして折り合いをつけるわけだ。

ビールを置く食堂の店主はこう解釈する。あれは客の注文であって、自分から置いたわけではない……。これ以上の責任転嫁はないと思うが、一応、筋道は通す。ビールは酒屋から買ってきただけで、利益を乗せていないから、うちはあくまでも食堂なのだ、と。となると、酒屋の行き場がなくなるのだが、そこは中国系の人々に任せる。彼らは上座部仏教徒ではないので、問題はない。かくして、タイの仏教社会は安泰なのだ。

だが、そこで行き場を失うのは、タイという国を気に入ってしまった外国人だった。自分の国と同じようなバーや居酒屋の椅子に座りたくはない。こういうタイプは金もあまりないから、高い外国人向けの店に出入りする余裕もない。

僕だった。

タイ人社会に入っていたから、酒を飲む機会は多かった。いろんな店に連れていってもらった。しかしそのすべてが、酒というものを前面に出す店ではなかった。

ステージの上でミニスカート姿の女の子が踊るイサン料理屋、大箱のクラブ……マッサージ屋で酒を飲んだこともある。その店は料理が並ぶテーブルを囲むようにベッドが並んでいた。女の子には体の筋を伸ばしてもらいながら、魚や肉を口に運び、酒を飲むのだ。

タイ人に連れていかれるパブやクラブはだいたい大音響に包まれていた。スピーカーの近くに座ると、シャツが音波で震動するほどのボリュームである。当然、音が出ているときは、知人の耳に口を近づけて話しても通じない。そういう世界だった。入口でジョニーウォーカーやシーバスのボトルを一本買って入る店も多かった。行くときはだいたい、十人を超えるような団体である。それを皆で、コーラやソーダで割って飲む。もちろん、そこは食事をしたり、踊りまくる場で、酒を飲む場ではないという大義名分は守られていた。

一度、中部タイの田舎町で開かれたパーティーに呼ばれたことがある。街灯もない未舗装の田舎道を進むと、前方にライトで映し出された広場が現われた。テーブルが並び、町の人も集まりはじめていた。会場には何台もの発電機が運び込まれ、例によって大音響の音楽が流れていた。周囲は虫の声しか聞こえない田園地帯が広がっている。

「静かなところで酒を飲むってことができないのか」

改めてそう思ったものだった。

静かな場所で酒を飲む……。そうなると、酒が目的になってしまうのかもしれない。いや、長い間、そういう大義名分を繰り返しているうちに、酒はそうやって飲むもの……という図式が固まってしまったのだろう。

タイ人の家に下宿していたとき、少し困った。下宿や向かいの雑貨屋、道路脇のベンチというソイのなかの飲み場スポットでは、毎日、どこかで酒盛りがあった。僕が暮らしていたパホンヨーティン通りのソイ六界隈では唯一の外国人だから、よく声がかかった。しかし、ときには、ひとりになりたいこともある。

『レインツリー』という店を教えてもらったのは、そんなときだった。ラングナム通りにある中規模の店だった。下宿からそう遠くはなかった。

店に入ると、右側にボックス型のテーブルが四個ほど並んでいた。左側には数個の丸いテーブルがあり、その横が狭いステージになっていた。

看板には、「タイフォークソング」と書かれていた。フォークソングといっても、モーラムというこてこてのタイ民謡ではなかった。日本のフォークの感覚であり、アメリカのボブ・ディランやジョーン・バエズの世界にも通じていた。ときにカントリーっぽい曲になることもあった。

ポイントは生のギターの音色のように思う。ステージに上がるのは三人組が多く、ギターを中心にハモニカ、ドラム、キーボードなどが加わった。ギターを抱えた男性が、だいたいボーカル担当だった。店内に響く音は、控えめだった。フォークソングの世界である。電気を介した大音響はそぐわなかった。ライブが中心の店で、飲み屋ではなかった。しかしこの店に入ったとき、僕にはちょうどいいような気がした。

それはこの『レインツリー』という店がもつ空気だったのかもしれない。壁には水牛の頭部が飾ってあった。店内は木づくりで、山小屋のような雰囲気があった。連れていってくれたタイ人の知人は、メーコンというタイウイスキーのハーフボトルを頼んだ。

「ここはビールって感じじゃないんだよな」

なにかいいわけでもするかのようだった。

わかる気がした。

タイにもそういう時代があったのだ。

彼は僕より十歳ほど年上だった。僕の知人にしては珍しく、大学を卒業していた。

東北タイのコーンケン大学だった。実家はマンゴー農家だと聞いたことがある。

僕がはじめてバンコクに来たとき、この街は学生運動に揺れていた。世界的な流れでもあった。欧米、そして日本の全共闘……。日本の学生運動はすでに下火になっていた時期だったが、僕が通っていた大学でも散発的に集会が開かれていた。僕自身、左翼思想の影響を少なからず受けてもいた。

バンコクにはじめて行ったのは、そんな時期だった。チュラロンコーン、タムマサート大学に通う学生が左翼に走り、職業学校の学生が対抗するという構図だった。その年に起きた「血の水曜日」という惨劇を経て、左翼学生への締めつけが強まっていく。彼らの多くが、ラオス国境に近い山岳地帯に逃げのびていった。

そのとき、僕の知人が、どんな行動をとっていたのかは知らない。しかし、『レインツリー』でメーコンを注文した。

あの頃のタイには、ひとつのうねりがあった。軍、政府、仏教という、タイという国を支えてきたものへの反発だった。人々はまだ貧しかった。農民も生活苦にあえいでいた。フォークの流れのなかで生まれた『カラワン』というバンドの曲が大ヒットした。タイの学生運動も、そのエネルギーのなかで広がっていく。

学生たちは古い体質を崩そうとする。その発想はときに過激の色を帯びる。彼らは、メーコンという粗悪で安い酒を飲みながら、新しいタイの姿を語っていたのに違いない。ときにその思想は、王室の存在にまで、及んだともいわれている。

僕はバンコクではじめて、酒を飲む場所に出合った気がした。週末、ときどきには『レインツリー』でメーコンを飲むようになった。いつもひとりだった。当時、僕にはバンコクに住む日本人の知りあいはまったくいなかった。通っているタイ語学校のクラスメイトは、欧米からやってきた宣教師が多かった。下宿の周りにいるタイ人を誘っても、色よい返事はなかった。彼らは大音響の店しか興味はなかった。

個人的には離婚問題を抱えていた。タイ語を習いにいくという体裁は整えてはいたが、本質は別居だった。日本にいたときは、フリーランスのライターとして雑多な仕事をこなしていた。日本を離れれば、代役のライターが次々に現われる世界だった。ものを書いて生きていきたいとは思っていたが、いったいなにを書いたらいいのかわからなかった。

いくら悩んでも、バンコクの人たちは、答えなど教えてはくれなかった。その迷いを振り切るように、タイ語の勉強に没頭していたが、ときどき煮詰ってくる。『レインツリー』に向かったのは、そういう夜だった気がする。

行くたびに違うバンドが狭いステージに座った。しかし、そこから流れだす音は、いつも十年ほど前のタイだった。

中年客が多かった。この店は、客のリクエストする曲を歌うシステムもあった。彼らが小さなメモに書き、バンドのリーダーに渡す曲名は、やはりあの時代だった。あの頃のタイの学生運動は、日本に置き換えれば安保闘争に似ていた。当時の東南アジアの国々は、社会主義の存在感が強まっていた。ベトナム、ラオス、ビルマは社会主義国家だった。カンボジアは、ポル・ポト政権時代だった。西側陣営にしたら、タイが唯一の橋頭堡だった。左傾化した学生たちは、タイの政権の背後に控えるアメリカを見据えていた。日本製品のボイコット運動も起きた。日本とアメリカは同じ色に映っていたのだろうか。西側陣営からは、膨大な資金が流れ込んでいたはずである。

しかし日本と同じように、タイの学生たちは挫折を味わうことになる。タイ北部の山中に逃れた学生たちも、十年という年月のなかで、ひとり、またひとりとバンコクに戻ってきていた。タイは西側からの援助をバネに、高度経済成長への道を進みはじめていた。転向を決意したかつての学生もいただろう。出口の見えない隘路のなかでもがいていた人もいたはずだ。

『レインツリー』が、そんな人たちの溜り場だったというわけではない。店に流れる空気はなごやかだった。しかしその底に、あの時代を共有したという思いは流れていた。彼らにとっての懐かしさは、自嘲の色を帯びていた。親に内緒で遠出をした少年が、とぼとぼと家路を歩きながら、冒険を思い返すように。

大音響のなかで踊り続けるタイ人にはついていけなかった。しかし、『レインツリー』の店で、メーコンのソーダ割りを飲む中年タイ人の世界には、どこか同病相憐れむようなシンパシーがあった。

あれから二十年以上の年月がたった。

バンコクは変わってしまった。BTSという高架電車や地下鉄が走る街になった。『レインツリー』のあるラングナム通りも変わった。スワンナプーム空港と市街を結ぶエアポートトレイルリンクという電車が開通し、その駅も近い。それをあて込んで、巨大な免税店もお目見えした。周辺国も変わった。社会主義を標榜していた国々の改革がはじまり、街を眺めていると、いったいどこが社会主義なのかわからなくなってしまった。それ以前に、すでに西側と東側という枠組みすら陳腐である。

しかし『レインツリー』は、同じ場所にある。内装ひとつ変わらない。いまでも、タイフォークを奏でるバンドが、狭いステージにあがっている。

この二十年、僕は頻繁にバンコクを訪ねている。人づきあいは苦手だが、少しずつ日本人の知りあいも増えた。しかし、自分から会う勇気はあまりない。タイ人の知人たちも、皆、白髪が目立つようになった。ぼそっとしてしまう夜、『レインツリー』に向かうことが多い。仕事は山ほどあるというのに、つい足が向いてしまう。

週末バンコク——にやはり行ってしまった。今回はカメラマンの阿部氏と一緒である。いつもの席に座る。そう、この二十年の間に、ひとつだけ変わったことがある。メーコンが姿を消し、ホントーンやセンティップといった違う銘柄のタイウイスキーになった。もっとも所詮はタイのウイスキーである。アルコールにウイスキー風味をつけただけのことだ。

注文するものも、二十年前と同じだ。ライムのスライスとカシューナッツ。いつもの店員が、飲みものをつくってくれる。ウイスキーを入れ、氷を入れ、ソーダで割り、輪切りにしたライムを入れ、氷をつかむトングでくるくると混ぜてくれる。彼は二十年前もこの店にいた。当時は青年だったが、いまは、いいおじさんである。愛想はないが、飲みものをつくりにさっと現われる。

『レインツリー』とのつきあいを、かいつまんで阿部氏に伝えた。

「歌声喫茶みたいなものですか」

「いや……」

この店をなんといったらいいのだろうか。

週末である今晩は、ふた組のバンドが出演するらしい。ふた組目のバンドのメンバーのひとりが遅れ、ステージがはじまってから加わってきた。しかし彼は白いワイシャツにネクタイ姿だった。ステージにあがり、そこでネクタイをはずし、ワイシャツの袖をめくった。そしてステージ衣装のジャンパーを着て演奏に加わっていく。このゆるい感じが、『レインツリー』でもある。おそらく店から渡されるギャラはわずかなのだろう。昼はサラリーマンとして働いているのだ。

左手のテーブルに、ひとりの中年男性が座っていた。身なりもしっかりしているから、平日は仕事に追われているのかもしれない。ひとりでウイスキーを飲みながら、流れる音に身を揺らしている。ときどき目を閉じ、空を仰ぐようなしぐさをする。頭のなかでは、あの時代がぐるぐるまわっているのかもしれなかった。

タイの政界は、タクシン元首相を支持する赤シャツ派と、それに対抗する黄シャツ派の勢力争いが続いている。黄シャツ派は、赤シャツ派のブレーンに、かつての学生運動の闘士がいることを批判していた。赤シャツ派にはコミュニストが含まれているという論調を張ったのだ。だからシャツも赤色なのだ……と。

しかし、「血の水曜日」の騒乱が起きたときに学生たちがめざしたものは、タク

ขอเชิญฟังเพลง
ทุกวันอังคาร
และวันเสาร์
ชั้น 2
มีห้องจัดเลี้ยง
8 คนขึ้นไป
มี T.V + UBC
ฟรี/ค่าห้อง
NO SMOKING
กรุณา อย่า!
ดูไม่สุภาพเลย

この小さなステージを眺めながら20年。なにひとつ変わっていない

シン元首相の政策とは異質だ。一見、似た構造にも映るが、根本のところで違っている。

やはりあの時代だったのだ。

僕があの時代を共有できるわけではない。日本からやってきた一介の旅行者にすぎない。しかしあの頃の空気を少しは知っている、つまりはおじさんということなのだが。

ステージからは、土の匂いのするタイフォークが流れてくる。

## バンコクの政治闘争

　タクシン元首相は在任中、さまざまな政策を打ちだした。治療費を上限三十バーツに収める福祉政策、一村一製品運動など、経済的に恵まれない農家への救済策で人気を集めた。タイの政界は、軍や財閥系政治家を中心に動いていた。彼らは王室とも親しかった。そのなかに、忽然と現われたタクシンは、旧勢力には異形の政治家に映った。権力闘争がはじまったわけだ。

　そこがかつての学生運動との本質的な違いだった。純粋な若者の発想に対し、タクシン派は農民の支持を基盤に新興勢力の拡大を図っていた。

　しかしタクシン派への支持は勢いを失っていない。そこに立ちはだかるのが、タイ式民主主義という壁だった。

　やや政治色が強い話だが、その経緯を追ってみる。

　タクシン元首相がつくったタイ愛国党時代から話をはじめよう。誕生したのは一九九八年である。その後、軍部のクーデターでタクシンは追放。憲法裁判所は、選挙違反を理由に、タイ愛国党に解党命令を下した。百人を超える党幹部が、公民権停止の処分を受けている。

しかしその後の総選挙で、タイ愛国党を引き継いだ国民の力党が第一党になる。タクシン派は復権したわけだ。サマック、そしてソムチャーイとタクシン派の首相が続く。しかし、最終的には、反対勢力のスワンナプーム空港占拠などを経て失職していく。そして再び憲法裁判所は解党命令を下す。

再び総選挙になるのだが、国民の力党の受け皿政党であるタイ貢献党が第一党になる。そして現在のインラック首相になるわけだ。美しすぎる首相といわれるインラックはタクシンの妹である。

つまり総選挙ではタクシン元首相派が勝ち、その政党に対して憲法裁判所が解党命令を下すことを繰り返しているわけだ。

タクシン元首相派は赤シャツ派と呼ばれ、反対勢力は黄シャツ派という。総選挙が終わると赤シャツ派の政権になり、憲法裁判所が解党命令を下すと、黄シャツ派が政権を握る。赤から黄、黄から赤への政権交代劇が十年以上も続いているわけだ。

タイ式民主主義とは、この政権交代を可能にするシステムといってもいい気がする。一応、国民の総意を諮《はか》る選挙はある。しかし、その結果を覆すことが

いまはタクシン（左）
の妹インラック（下）
が首相。赤シャツ派政
権はどこまで続く？

赤シャツ派の市街地占拠の最後は騒乱だっ
た。夜は外出禁止令。でも昼はタイです

写真：朝日新聞社

できる第二ステージが用意されているのだ。

第二ステージのポイントは、憲法裁判所の裁判官たちの人員構成である。黄シャツ派が多くなれば、赤シャツ派がいくら選挙で勝っても、政権を最終的に握ることはできない。

軍と財閥系政治家という旧勢力は、このタイ式民主主義をつくりあげることで、自らの権利を守っているわけだ。

しかし簡単に、このカードを切ってしまうと、国民からの反発を買う。そのあたりのバランス感覚が問われることになる。

タイ人たちはこの構造を、意外なほどあっさりと受け入れている。軍という存在と、王室との距離を知っているからだ。タイの軍は国民のためのものではない。タイ王室のものなのだ。王室を守るための軍なのである。

そしてタイの軍は、政治に深くかかわっている。軍事クーデターの後は、軍の暫定政権になることが多い。それは昔のできごとではない。これからも、当然のように起こることなのだ。

タクシン首相を追放したクーデターの後、赤シャツ派幹部への摘発が急増した。不敬罪だった。対抗する黄シャツ派の集会でも、この不敬罪という言葉がよく飛び交っていたという。軍が赤シャツ派の勢いをそごうとした結果だと噂されていた。

これからも赤シャツ派と黄シャツ派のつばぜりあいは続いていくだろう。現在の黄シャツ派のリーダーは、元軍人である。両派の対立は、やがて軍と赤シャツ派という図式に落とし込まれていく可能性もある。タイの政権は、危ういバランスの上に成り立っている。

# 第七章　早朝

朝飯前のバンコク式マラソン。
「ゆるゆる」の一時間三十七分

日曜日の早朝、マラソン大会に参加することにしていた。前日、完走を願って、九つの寺をまわった。

しかしバンコクでマラソン……。はじめて耳にしたときは、やはり首を傾げた。あれはいつ頃だっただろうか。十年ほど前のことだと思う。朝、新聞を買った。その一面に、夥《おびただ》しい数のランナーが、チャオプラヤー川に架かる橋を走る写真が掲載されていた。バンコクマラソンである。

「こんなにもランナーがいるんだ」

その数に戸惑った。バンコクは暑い街なのである。最高気温は一年中、三十度を超える。湿度も高い。日本人の感覚でいうと、一年中夏なのだ。

早朝とはいえ、この暑さのなかを走る？ 日本でマラソンといえば、冬のスポーツという印象は強い。オリンピックの選考を兼ねたマラソンレース、箱根駅伝、そして大規模な東京マラソン……。そのすべてが寒い時期に集中している。

しかしバンコク、いや、タイという国では、妙にマラソンが人気だという。ぼんやりと、タイのマラソンサイトを眺めてみる。

「なにッ?」

毎週、日曜日にはマラソン大会があるではないか。多い日には三カ所で開催されている。いったい誰が走るのだろうか。

タイ人は歩くことが大嫌いだ。長いつきあいだからよくわかる。彼らが歩く距離の限界は三、四百メートルではないかと常々思っていた。

以前、タイ人の家庭に下宿させてもらっていたことがある。その家から大通りにあるバス停までは五百メートルほどあった。毎日、暑いなかを律儀に歩いているのは僕だけだった。下宿の家族や周辺に住む人々の多くは、モーターサイに乗っていた。

モーターサイとは、モーターサイクルというのが面倒なので後ろのほうを省略してしまったタイ語である。バイクの後部座席に客を乗せて、運賃は交渉次第でどこへでも行ってくれるのだ。渋滞に関係なく、ときに一方通行を逆走し、歩道を走り、人の家の敷地も通り抜けるというやりたい放題を繰り返して目的地まで届けてくれる。タクシーより早いが、冷房はない。そのへんが考慮されて、タクシーと同額か、やや高い程度の運賃設定になっている。バンコクもバス停や、ソイという路地の入り口には、必ず彼らが客を待っている。

日頃、「金がない」と呪文のように唱えているタイ人である。ところが、気がつくと涼しい顔でモーターサイに乗り、歩く僕を追い抜いていくのだ。

「金がないならモーターサイなど乗るな」

と毒づきたくもなった。当時は二、三バーツという値段だったが。

彼らはどうも、「歩くのは嫌いだが、走るのは好き」という矛盾した性格の持ち主らしい。そう思ったのは、沖縄の那覇だった。沖縄の人々も、タイ人に劣らず、歩くことが嫌いだ。モーターサイはないから、自分で車を運転するのだが、五百メートルほど先の自動販売機に飲み物を買いに行くのにエンジンをかけるのだ。ところが那覇マラソンには、そんな彼らがこぞって参加する。

バンコクでのマラソンにちょっと心が動いた。参加した人によると、バンコクマラソンのような大きな大会以外は、事前申し込みは不要なのだという。早朝、スタートラインに並べば、誰でも走ることができるらしい。

日本のマラソン大会を思い浮かべてみる。人気が高い東京マラソンは事前申し込みは当然のことで、さらに抽選が待っている。当選した僕の知人は、宝くじに当たったような喜びようだった。日本でもマラソン大会は多いが、そのほとんどが事前

走る前に温かい豆乳を一杯。タイのマラソンならではの飲み物だ

スタート地点にはシューズやウエアーの店舗が並ぶ。ちょっとお祭り気分

記念品の傘をもらった。普通はTシャツが多いという

申し込みで、人数制限がある。ランナーが走るルートには、半月も前から看板が掲げられる。用意周到なのである。

そういう段どりをタイ人にやれといっても無理なのかもしれないが、彼らにもいい分はあるのだ。

「当日の朝に集まって、なんの問題もなく大会が終わるんだから、なにをそんなにきちんと運営する必要があるんです」

そういっているような気もするのだ。

気楽そうだった。

ここ一、二年、かなり太った。体重は七十キロに迫っている。人生最高体重である。先日受けた健康診断の検査結果は、標準体重より五キロほどオーバーしている。メタボとはいわれなかったが、腹の周りの中性脂肪をなんとかしなくては……。

五十八歳なのだ。

走ってみようと思った。iPS細胞の山中伸弥教授や作家の村上春樹も走っているという。

家の周りを走ってみた。しかし続かない。これは動機づけが必要ではないか。そう思っていた。

タイのマラソンは必ず日曜日の朝である。週末のバンコク旅行には好都合である。とにかくスタート地点まで行けば、走ることができるのだ。

バンコク在住の知人に栗並登紀男さんがいる。七十五歳という年齢である。もう十五年以上、タイのマラソン大会に参加しているランニングマニアだ。完走メダルは六百個を超える。

「私の葬式の香典返しはメダルだっていって走っていたんですけど。六百人なんて、とても参列しませんよ。ハッハッハ。次の日曜日は、バンコクに近いノンタブリーでミニマラソン大会があります。私も参加しますから、一緒に走りましょう」

話は簡単に決まってしまった。

午前四時半にバンコク市街を出発した。三十分ほどでスタート会場に着いた。まだ暗い。仮設テントが立てられ、受付がはじまっていた。その横には、ランニングウエアーやシューズを売る店が並んでいる。ランナーの多くはすでに心の準備はできているらしい。あとは体の準備……とばかりに体操をはじめている人もいる。あたりは賑やかで、どこか夏祭りにきたような風情である。

参加費、二百五十バーツ、約七百円を払うと、年齢を訊かれた。そして傘とゼッケンを渡された。

傘は参加の記念品だった。ゴルフ場で使うような大型傘で、『FIGHT AIDS MINI-MARATHON 2012』の文字がプリントされていた。『エイズと闘うミニマラソン』といったところだろうか。会場もノンタブリーにある厚生省の敷地。なにか、とってつけた理由のように思えなくもないが、すでに十五回目を迎えていた。

ゼッケンには、『50　31』と印刷されていた。五十代で三十一人目の受付という意味らしい。これをシャツに留める。

手続きは本当にこれだけだった。もう走ることができる。名前も訊かれない。パスポートの提示も求められなかった。

参加者にはありがたいことだった。しかし主催者側にしたら出走ぎりぎりまで、参加人数がわからないことになる。傘やゼッケンも多めに用意しなくてはならない。給水所の水の量の問題もある。なんとかなってしまうのだろうか。

五時半をすぎると、ステージに筋肉質の女性と男性がふたり上がり、エアロビクスがはじまった。ビートの効いた音楽が流れ、女性の元気な声が会場に響く。日本だったら、ラジオ体操ののんびりとした声が流れるところなのだろうが、タイは朝からテンションが高い。寝起きにクラブに放り込まれたような気分である。一応、準備体操を兼ねているようなのだが、動きが速くてついていけない。ちょっと不安

プミポン国王の肖像画の前で、エアロビクスをしていいんでしょうか。早朝から写真を見て、午前6時にもう29度にもなっていたことを知った。どうりで……

になってくる。周囲で体を動かす人を見る。シニアが多く、やはり速いテンポについていけず、なんとなく体を動かしている人が多い。勝手にやればいいのか……と自分にいい聞かせた。

六時――。実際には六時三分。サイレンのような音が鳴って、先頭から走りはじめた。スタート直前に、スタッフがゼッケンにマジックで印をつけた。途中からではなく、はじめから走ったという証明らしい。

この日の参加者は約千人。ほとんどの人が高そうなランニングシューズにブランドものっぽいウエアー姿だ。スニーカーにハーフパンツという自分の格好がちょっと恥ずかしい。

会場に着いたとき、彼らのその姿に気圧されていた。そんな表情を察したのか、栗並さんが声をかけてくれた。

「タイ人って、どうも形から入るようなんですよ。でも、心配しないでください。記録を狙う人は、先頭のひとにぎりですから。六キロほどのところで折り返しになるんですが、その手前で〝ずる〟をして、ショートカットするランナーもいますから。ランナーはタイ人。そんなことぜんぜん気にしませんよ」

「そ、そうですよね」

ゴール手前。皆、かなり苦しい。僕はこのとき8キロ地点を歩いていた

実はこの大会は、十キロのミニマラソンのほか、二・四キロのウォークラン、犬同伴で走るものなどのカテゴリーがあった。はじめは二・四キロにしようかと思っていたのだが、「途中で〝ずる〟できる」と聞いて、十キロに申し込んだ。それが甘い読みだったことを、途中で知ることになるのだが。

一キロ、二キロ……。ペースはジョギング並みなので、なんとか集団のなかにいた。ふと前方を見ると、スタートからの時間を表示する電光掲示板を屋根に載せた車が反対車線をゆっくり走ってきた。ちょっとした折り返しがあるらしい。その後ろにトップのランナーがついていた。先頭グループ周辺はなかなか本格的なのである。

そこから五百メートルほど走ったところで折り返しになった。以前、栗並さんが走ったときとはコースが変わったらしい。

なんとか折り返し点をまわった。

と、そこにスタッフがいて、黄色のリストバンドを手渡している。皆、それを受けとり、手首にはめて走り続ける。折り返し点を通過した証明のようだった。

三キロ……。しだいに足と腰が痛くなってきた。歩くようなスピードになっていく。次々と追い抜かれていった。

今回は厚生省の敷地内を走るため、交通規制はないと聞いていた。てっきり車が通らない道を走るのだと思っていたが、やはり僕は、タイという国を甘く見ていた。この国は、交通規制といったら、一台の車も入れない極東の島国とは違う南国だった。走るのは公道だった。敷地内というのは、その交通量が少ないというだけの話だったのだ。

空がしだいに明るくなってくる。日曜日の早朝とはいえ、しだいに走る車やバイクが増えていった。厚生省の敷地といってもかなりの広さで、そのなかには路線バスのバス停がいくつもあった。始発バスも動きはじめた。角には朝食の屋台が出、湯気が昇りはじめた。客を乗せたモーターサイが走っていく。タクシーも見える。ここはタイならどこにでもある普通の街だったのだ。

そのなかを走る。信号もある。しかしランナーは無視して走っていいらしい。車が徐行し、ランナーを優先させてくれるだけのことだった。そういうことだったのだ。

交通規制をしない……。それが遅れたランナーには、どんなにありがたいことか。やがて実感することになるのだが。

四キロをすぎた。辛くなってきた。そんなランナーも多いようで、しだいに歩く人が目立ってくる。彼らに倣うことにした。当然、スピードは落ちる。だが、タイ人たちは時間を気にしない。それぞれのペースで勝手に歩いている。

日本の市民マラソンを何回か見たことがある。はじめて見たのは京都マラソンだった。下鴨本通りの沿道でランナーを眺めていた。トップランナーが通りすぎてから一時間ぐらいたったときだろうか。白いテープを手にした警官が一斉に道路に出て、走ってくるランナーを止めた。交通規制が終わる時刻だった。ランナーはしかたなく、歩道に上げられた。それ以上は走ることができないのだ。数分後には道はいつもの車道に戻っていた。

那覇マラソンも沿道で見ていた。三十キロ地点の近くだった。ここにも交通規制の制限があった。警官が出てランナーは足を止める。ここで車道を走ることを諦めなくてはならなかった。脇道にはバスが用意されていて、そこに収容されていく。なんだか白旗を挙げた敗残兵がトラックに乗せられていくような風景だった。

那覇マラソンは、交通規制が解除された後、歩道を歩いてゴールをめざすことも認められているようだった。完走を諦めきれない人は、歩道を歩き続ける。走ってもいいのかもしれないが、人が多く、そうもいかない。そんなランナーたちが、ぞろぞろと歩道を歩いていく。三十キロをすぎているから、皆、かなり疲れている。足も上がらない。とぼとぼといった歩き方になってしまう。その列は、キャンプに収容される難民のようだった。その姿を目にするのは、ちょっと切なかった。

おそらくこの交通規制が、市民マラソンの敷居を高くしてしまっているのだろう。ある程度走り込んだ人でなくては完走することができないのだ。

しかしタイにはそれがない。交通規制が「ゆるゆる」なのだ。二キロおきに給水ポイントがあった。そこには氷入りの水が用意されている。そのスタッフは、ランナーがどんなに遅れても、木陰でのんびりと待っていてくれる。タイはそういう国だ。

五キロをすぎ、湖に沿った道になった。対向車線を、折り返し点をまわってきたランナーが走っていく。栗並さんの姿が見えた。手を振って励ましてくれる。彼は元気である。足どりもしっかりしている。ちゃんと走っているのだ。どこが七十五歳なのだろう。年齢を偽っているのではないか、と眉に唾をつけたくなるスピードだった。

手首に視線を走らせる。そこには黄色のリストバンドのほかに、オレンジ色のそれがあった。

「……」

この先の折り返し点で、オレンジ色のリストバンドを受けとらないと、完走を証明できないルールに変わっていた。これでは〝ずる〟ができないではないか。話が違う。

「それでも前を向く」

東京の電車の車内広告を思い出した。たしかコーヒーの宣伝だった。だが、足はなかなかいうことを聞いてくれない。

最後尾のひとつ手前のちょっとした集団のなかにいた。ここは歩き組である。日頃、走り込んではいない人たちのグループということだ。ときどき少し走って抜け駆けをするタイ人もいるが、皆、かなり足にきていて、すぐに集団にとり込まれる。中高年が多かった。夫婦で歩いている人もいる。

七キロ、八キロ……。このなかから、きっと脱落者が出ると思っていた。なにしろ、対向車線には、タクシーが何台も走っているのだ。空車を示す赤い表示は、悪魔の誘惑でもある。それに乗れば、ゴールまで走らず、いや歩かなくてもいい。

しかし誰も手を挙げない。

「マイワイ（もうだめ）」

「ドゥーン・メダーイ（もう歩けない）」

などと、口々にいうのだが、足は止まらないのだ。

タイ人を誤解していたのかもしれない。彼らとは三十年を超えるつきあいになる。僕はこれまで、頑張らないタイ人像をことあるごとに書いてきた。

たとえばタイ語にブアという言葉がある。「飽きた」という意味だ。

ある女性は、デパートで六カ月ほど働いた。そしてあっさりと辞めてしまった。その理由を訊くと、ブアという言葉が返ってきた。飽きてしまったのである。日本人にはわかりづらい感覚である。「飽きたぐらいで仕事を辞めてどうする」などと、説教をはじめる日本人もいるかもしれない。しかしタイ人は、このブアを口にする

やっとゴールまで辿り着いた。シャツは汗でびっしょりだが、不思議な爽快感がある。こうしてランニングにはまっていくのだろうか

ラーマ５世が印刷された完走記念メダル。立派だ。
東京の家に飾ってあります

と、もう決して働こうとはしない。日本人に比べると、なにかを乗り越えようとする精神力が弱い民族のような気もしていた。それでもなんとかなってしまうところが羨ましくもあったのだが。

いや、タイ人が変わったのだろうか。タイはいま、高度経済成長期といってもいい。二〇〇九年の騒乱、二〇一一年の水害でその軌跡はやや落ち込んだ。しかし二〇〇〇年以降、それ以外の年は五パーセント弱から八パーセントという経済成長を残している。彼らは心を入れ替え、頑張る国民に変身したのだろうか。わずか十年ほどで、国民性まで変わることはないと思うのだが。

しかし隣で歩くタイ人は諦めないのだ。なにか別のスイッチが入ってしまったかのようにゴールをめざす。タイ人というのは、わからない人たちである。

彼らにつられて歩き、ちょっと走り……と繰り返しながら、ゴールを切った。

すると、スタッフが駆け寄ってきた。タイ人らしい微笑みをつくり、完走記念のメダルを手渡してくれた。

ちょっとうれしかった。

メダルにはラーマ五世という王の肖像が刻まれていた。タイでは名君で知られる王である。

完走すると、ゴールには朝食が用意されていた。これはタイ風卵焼きご飯

一時間三十七分。これが記録だった。とても誇れるようなものではない。

ステージでは表彰式が行われていた。見ると栗並さんが立っている。彼は七十歳以上という部門で二位に入った。かかった時間は一時間と少しだという。

仮設テントでは朝食が待っていた。お粥をよそってもらった。塩分が効いたお粥がやけにうまい。横には卵焼きを載せたご飯も用意されていた。スタートする前には、ここに豆乳や軽食も並んでいた。温かい豆乳がおいしかった。約七百円を払っただけで、ここまでしてくれる。

朝日がビルの間から昇りはじめていた。気温は三十度を超えていた。

※この欄は、マラソンを案内してくれた栗並登紀男さんにお願いした。僕よりもはるかに経験が豊富なので、これからタイで走ってみたい人には参考になるはずだ。

## タイのマラソン大会事情

**栗並登紀男**

タイのマラソン大会はおおらかなものである。ミニマラソン十キロが主で、二十一キロのハーフマラソンのほか、ときにはフルマラソンもある。毎週どこかでやっている。申し込みは当日の朝である。スタート時間まで受付ける。制限時間もたまにはあるが、オーバーしても自己責任で車を避けながら走ったり、歩いたりすることも可能だ。片づけがはじまった会場でもゴールすれば完走メダルはくれる。

日曜日の朝は三時起床。会場へ急ぐ。

スタート時はまだ暗い。転ばぬようにゆっくり走る。三十分ほどたつと夜が明ける。でも走りに集中しているので、いつ夜が明けたか気づくことはない。

タイの七十七県のうち五十県は走った。自分の脚で走るので観光を兼ねる。

入賞した栗並さんと。ちょっと羨ましかった

風景は頭に残っている。大会は年齢区分で競走する。参加者が千人を超える大会でも七十歳以上はせいぜい十人から二十人ほど。運がよければ五位までに入賞する。トロフィーをもらうとうれしい。威張って女房に見せる。「あ、そう」と興味を示さないが、亭主は生きがいを感じて朝から祝杯をあげて終日熟睡。安上がりの健康法でもある。

マラソンの情報は、以下のサイトで入手することができる。

http://www.jogandjoy.com
http://www.patrunning.com

ただしタイ語か英語。知り合いのタイ人に見てもらうことになるだろうか。

タイのマラソンの概要をまとめると、こんな感じになる。

■主催者　学校、病院、銀行、一般企業、役所、お寺、警察、軍など。なにかの記念か節目に宣伝を兼ね、スポンサーを募って開催する。運営はプロの会社が請け負う。タイ人とは思えないほど、慣れていて、要領もいい。

■開催日　主に日曜日。複数の場所で開催されることもある。どの大会に出ようかと、贅沢な選択ができる。

■スタート時刻　ミニマラソンは午前六時、ハーフマラソンは午前五時、フルマラソンは午前二時から四時。太陽が出る前に走り終わる設定。南国の太陽は容赦ない。

■参加費　二百～三百五十バーツ。

■参加賞　申し込み時にしゃれたTシャツなどがもらえる。実際に走らなくてももらえる。

■完走メダル　ゴールに入ればもらえる。日本ではとてももらえない立派な金属製のメダルだ。

■給水所　二～三キロおきに氷水が用意されている。お腹をこわしたことはない。参加人数が多いときは、氷水が品切れになることもある。

■交通手段　車がメイン。路線バスは、時間的にも利用は難しい。バンコク近郊ならタクシーを利用することもできる。人数がまとまれば、旅行会社を通して手配してもらう。

■宿泊　バンコクから遠い所で行われるマラソン大会では、宿泊が必要になる。お寺や学校の講堂を開放してくれることもある。タイ人は小さなテントを持参する人が多い。

■食事　ゴール後、簡単な食事が提供される。

二十年にもなったタイでの会社勤め。七十三歳で辞め、ロングステイという気楽な生活に入った。老妻もタイの暮らしには慣れている。でも、なにもしないのも身体によくない。少しは肉体に負担をかけるほうがいい。現役の頃から泳いだり走ったりしてきた。この歳で新規の運動は面倒である。ボケ防止と暇つぶしに走ることに決めた。

かつてのタイには、走る人はいなかった。雨が降っても走ることはない。濡れながら歩く人もいた。なまじ走ったりすると、なにごとかと不審がられた。

それがどうだ。タイでは健康ブーム。マラソンがこんなに盛んになるとは、思ってもみなかった。

老後は年金と働いて貯めたお金が命の綱である。タイの生活には冬がない。寒がりにはありがたい。風邪もひかない。健康で医者いらずなら天国である。そのためのマラソンだと思っている。

マラソンの前日、事前トレーニングに最適な場所を紹介しておく。

■ベンジャシリ公園　エンポリアム横　一周約七百メートル。

■ベンジャキティ公園　シリキットコンベンションセンター横　一周約一・八キロ。きれいな公園だ。

■ルンピニー公園　一周約二・五キロ。体を動かすには最適な場所だ。

# 第八章　最後のテーブル

アジアティックから
川沿い食堂。
最後は川風に吹かれたい

バンコク最後の食事をどうするか。これは難問かもしれない。まず帰国する飛行機のスケジュールに左右される。

バンコクから日本に向かう飛行機は、朝便と、深夜に出発して朝、日本に着く夜行便に分かれる。夜までたっぷりバンコクに浸って、夜行便で帰国し、そのまま仕事……というのは、二十代のやることかもしれない。バンコクからの帰国便は、偏西風の影響を受けて行くときより一時間ほど長くかかる。六、七時間といったところだろうか。といっても途中、機内食のために起こされたりするから、寝ることができるのは四、五時間だろうか。

寝る……といっても、狭い機内である。ビジネスクラスというなら話は違うが、熟睡というわけにはいかない。かなりの寝不足で日本の空港に降りたつことになる。

気分を暗くさせるのは、空港からの電車である。飛行機の時間帯によっては、朝のラッシュとかち合ってしまう。ただでさえテンションは低く、体は寝不足で重く、電車は脇に置いた荷物への視線がきついほど混み合っている。しかしそれ以上につらいのは、車内を支配する重い静けさである。会話ひとつなく、人々はスマホや新聞に視線を落とす。いつから日本人は、こんなにものっぺりとした顔をした民族になってしまったのだろうか。瞳の輝きを失ったのはいつだろうか。十時間ほど前まで身を置いたバンコクの熱気が無性に恋しくなってくる。

やはり夜行便はやめよう。すると朝の便になってしまう。ときどき乗るユナイテッド航空は、朝の六時前後に離陸する。ホテルを出るのは午前三時。これもまたつらいのだ。

いつもチェックインの後、空港内のファミリーマートで十数バーツのインスタントコーヒーを買う。店内で湯を入れ、それを手にターミナルを出る。冷房のない屋外の、バンコクの空気のなかで、コーヒーを飲みたい気分になるのだ。ちょうど朝日が昇りはじめる頃である。明るくなりはじめた空を眺めながら、さしておいしくもないインスタントのコーヒーを啜る。

「もう帰らなくちゃいけないな」

そんなことを考えてしまうのだ。やはりこれも寂しい。

どの便を使っても、バンコクからの帰りはつらい。だったら先のことは考えないタイ人のように、帰国の時刻が少しずつ、しかし確実に近づく時間をすごしたほうがいい。二日間だけタイ化が進んだ頭で考えてみる。

チャオプラヤー川に行ってみることにした。

最近、この川沿いに、アジアティックというショッピングモールができたことを聞いていた。夕方になると、サパーンタクシン駅から無料の船も出るという。そこで家族への土産も買うことにしよう。

船着き場には長い列ができていた。タイ人が多いが、二、三割は外国人観光客だろうか。アジアティックはそういう場所らしい。列に並んでいると、日本語も聞こえてくる。バンコクに滞在していても、観光地には行かないタイプの旅行者だ。もともと買い物には縁がない。こういう列に並ぶと、妙に緊張してしまう。

アジアティックに向かう船は、チャオプラヤーエクスプレスに使っている船だった。すでに暗くなった川を船は十五分ほど下っただろうか。暗闇のなかに、その灯の塊が浮かんでいる。アジアティックのようだった。

「なんですか。これッ」

アジアティックの入口で、輝くネオンを見あげながら呟いてしまった。船はウォーターフロントといわれる川沿いのエリアに着いた。そこにはイタリアンや高級タイ料理店が出店し、オープンエアーのテーブルでは、欧米人がワインを飲みながら

川沿いと道沿いで、これほど格差のあるショッピングモールも珍しい

食事をする世界が広がっていた。アジアティックは、ルンピニにあったナイトバザールが移転してできたショッピングモールだと聞いていた。タイらしい光景を思い描いていたのだが、いまのバンコクでは、もうお呼びではないのかもしれなかった。

ナイトバザールは、ゆるいタイの空気がエーテルのようにあたりを支配するショッピングセンターだった。店は小さく、家族経営のような店も多かった。夕方に行くと、学校帰りの子供が制服のまま、店先に座って夕飯を食べていることも多かった。母親がその店で働いているようだった。

しかし川沿いに移転したアジアティッ

クからはそんな匂いが漂ってこない。白いシャツに黒いスラックスに前かけという、いかにも……という店員が、テーブルの間を泳ぐように動いていた。

入口にあった地図を見てみる。いま立っているウォーターフロントから奥に向かうにつれ、店の区画が小さくなっていった。ナイトバザールに入っていた店は奥のほうに集まっているようだった。入口を高級にして、先に進むにつれて安いものを置く店にしていくという作戦らしい。

奥に向かって歩きはじめた。店の区画がどんどん小さくなっていく。雑貨や小物が増え、かつてのナイトバザールの雰囲気に近づいていく。しかし、あの匂いはなかった。妙に明るいことがいけないのかもしれない。店員たちもずいぶん若返った。おそらく、ナイトバザールに比べれば、一カ月の賃料がずいぶん上がったのだろう。主婦が小遣い稼ぎのために開いたような店は、淘汰されてしまったようだった。

アジアティックは、チャルンクルン通りにぶつかって終わった。この通りは、バンコクでも最も古い道のひとつだった。日本の明治初期、タイにも外国船が頻繁にやってくるようになった。チャオプラヤー川沿いに港ができ、そこで荷上げされた物資を、バンコク中心部まで運ぶ目的でチャルンクルン通りがつくられた。この道はニューロードとも呼ばれ、その道に沿ってオリエンタルホテルも建てられた。

港には赤レンガ倉庫がつくられた。当時の写真を見ると、日本の港に残されている倉庫とよく似ている。その建物と土地を再利用したのがアジアティックだった。ナイトバザールから店舗が移った一画は、レトロチックに演出されていた。当時、走っていた軽便鉄道や力車、時計塔などが配置されている。つくられた感は否定できないが、それがアジアティックの売りもののひとつのようだった。

レトロ感――。最近のバンコクではよく耳にする言葉だった。あれは二年ほど前だったが、家族でバンコクにでかけた。以前、東京で日本語を学び、いまも家族づきあいが続くタイ人女性が案内してくれることになった。

「下川さんの家族は、何回もバンコクに来ているから……」

そういって連れていってくれたのが、バンコクに隣接するサムットプラーカーン県にある百年市場だった。木造の建物が続く市場は、つくられてから百年以上がっているのだという。市場に売られているのは、どこにでもある雑貨や菓子類で、買い物を楽しむわけではない。レトロな街並みのなかを歩くだけなのだ。日本でいったら、大正から昭和初期に建てられた洋館を探ね歩くようなものだろうか。いや、タイのそれは、現役の市場なのだから少し違う。

「最近、古い街並みを歩くのが、バンコクの子の間で流行ってるんです」

彼女はそう説明してくれた。その女性は、日本語を学び、日系企業に採用された。日本人社長の通訳兼秘書のような仕事をこなしている。月給は六万バーツを超え、ローンだがマンションも買った。いってみれば、タイの高度経済成長の波に乗った勝ち組である。僕の仕事を手伝ってもらうこともある。彼女が指定してくる待ち合わせ場所は、サイアムにあるサイアム・パラゴンかプロムポンにあるエンポリアムという高級ショッピングセンターのカフェだった。

一度、早くサイアム・パラゴンに着いてしまったことがあり、館内をぶらぶら歩いたことがあった。噂には聞いていたが、高級店がテナントとして埋めていた。四階に一軒の寿司屋が入っていた。入口にメニューが置いてあったのでちらちら見ると、刺身の盛り合わせが二千二百バーツもした。日本円にすると六千円を超える。いったい誰が注文するのかと溜息をついた。その下の階には欧米の車が展示してあった。わざとらしく、値段が表示されている。マセラティが千六百五十万バーツ、ロールスロイスが二千八百九十万バーツなのだ。

サイアム・パラゴンはバンコクの中心街にある。若者たちもやってくる。彼らもその値段に目を丸くする。バンコクに出稼ぎにきた若者の月給は、六千バーツ、七千バーツなのだ。景気が悪ければ、きっといじけた視線を、顔が映るほどに磨かれ

サイアム・パラゴン。隅々まで高級感が溢れ、
歩いているだけで、ちょっとむかつく

た車に向けていただろう。

「どうせ、僕らには縁のない車さ」……と。

しかし高度経済成長は怖いものだ。彼らの瞳は輝き、その底には、不遜ささえ宿っていた。

「なにかの間違いで大儲けでもすれば、こんな車も買えるかもしれない」

好景気とは、そんな夢物語を真顔で語らせてしまうものらしい。

コーヒーが一杯、百バーツを超えるカフェで会った知人の女性は、こんな話をする。

「友達が、ここにあるフィットネスクラブの会員になったんです。通勤途中に寄ることができるから、都合がいいって」
四、五年前、そんな話をしていた彼女が案内してくれたのが百年市場だった。昔のバンコクが少しずつ、懐かしくなってきているようだった。
タイ人も疲れてきたのかもしれない。転職のたびに、一万バーツ、二万バーツと上がっていく月給。仕事相手は日本人だから、残業もいとわない世界だろう。社長の通訳だから、夜の酒に同席しなくてはいけないのかもしれない。睡眠時間を削ってでもこなさないといけない業務。しかし、その分、振り込まれる給料は頼もしいほどだ。しかし彼女もタイ人なのだ。いや、タイの好景気も、ピークをすぎたということだろうか。

これは高い経済成長を続けてきたアジア諸国の傾向でもある。台湾中部にある勝興駅という廃駅を訪ねたことがある。かつては、駅前に雑貨屋が一軒という小さな駅だったが、新線が開通し、駅が使われなくなったとたん、台湾人が次々にやってくるようになったのだという。いまでは、列車が通ることのない駅の前に、十軒近い土産物屋が並んでいた。

上海郊外の朱家角という水郷の街には、がむしゃらに働くことに首を傾げてしまった中国人たちが集まりはじめていた。彼らはゲストハウスやカフェを開き、生活の糧を得ていたが、必要以上に稼ごうとする欲はなかった。どこにでもあるような食堂の料理がやけにおいしく、訊くと有名な広東料理店を仕切っていたコックだった。以前、働いていた店には、中国の高度経済成長というテンションを全身にまとった客が次々にやってきたのだろう。彼ら好みの派手な料理を、時間に追われてつくることに嫌気がさしてしまったのだ。

アジアティックは、そんなアジアの風潮をとり入れていた。アジア間の情報は、便数の多さを誇るＬＣＣ網が教えてくれるように、急激に共有化が進んでいる。バンコクの近郊の百年市場に行くバンコクっ子が増えているという話も耳に入っているのだろう。これからのバンコクで流行るのは、何千万円もする欧州車を展示することより、レトロ感の演出だと読んだ節すらあった。

しかし、つくられたノスタルジー感は、薄っぺらな印象も与える。テーマパークのようなのだ。世界遺産に指定されたアジアの街と同じだった。やってくる観光客をあて込んだ店も、レトロな外観にそろえられるのだが、その手法があまりに似ていて、鼻白む思いがする。

アジアティックで夕食とも思っていた。チャルンクルン通り側に、比較的安い店が集まっていたが、そのほとんどが、バンコクの街なかでよく見かけるチェーン店だった。タイスキのMK、ケンタッキーフライドチキン、スターバックス……、外観はレトロにまとめられているのだが。

バンコクのチェーン展開は急速に進んでいる。新しいショッピングセンターがオープンし、そのフードフロアーに足を踏み入れると、チェーン店がずらりと並んでいる。タイ版のファミレスS&P、シーファー、タイスキのMK、8番ラーメン、FUJI、マクドナルド、ケンタッキーフライドチキン、シャブシ……。みごとなまでにチェーン店で埋められるのだ。

ある日曜日の夜、タイ人の車に乗ってバンコクに戻った。夜九時をすぎていた。バンコクの店は、繁華街を除くと、意外に閉まる時刻が早い。とくに日曜日は、九時をすぎると、多くの店が閉まってしまう。そのときも、開いている店がなかなかみつからなかった。

「マクドナルドってのもなあ」

ハンドルを握るタイ人の知人がいった。四十歳代の半ばという年齢である。

「あそこでカオマンガイでも食べていくか」

カオマンガイは、鶏ガラスープで炊いたご飯の上に、茹でた鶏肉を載せた料理である。タイ料理の定食のなかでは定番といってもいい。

彼が指差した方向を見ると、駐車場の入口スペースに、白熱灯に映しだされた屋台が一軒、ぽつんと出ていた。車を駐車場に停められるので好都合だった。

調理台のようなテーブルがあり、その上にガラスケースが置かれ、鶏肉が並んでいた。脇に電気釜がある。ガラスケースの上に、写真入りのメニューが掲げてあった。六種類あったが、そのときできるのは、カオマンガイだけだった。

「一種類の料理しかできないって、おかしくない？　普通、屋台って、そういうことはないでしょ」

「あれ、知らないの？　ここはチェーン屋台だからさ。普通のカオマンガイ屋は応用がきくけど、ほら、あの女性はチェーンの店に雇われているから、マニュアル通りにしかつくっちゃいけないわけ。材料がひとつでも終わると、その料理は出せないんだ」

「駐車場近くで展開するチェーン？」

「そう。ガソリンスタンドにも多い。日曜日も、夜遅くまでやってるから、ドライバーたちは重宝してるんじゃない」

「味は？」

「そりゃ、チェーン店だからな」

鶏のマークが入った制服を着た女の子がカオマンガイを運んできた。たしかにチェーン店の味だった。

いまのバンコクは、ぼんやりしていると、毎食、チェーン店で食事をすることになってしまう。そう、三章のコラムで紹介した本格コーヒー屋台もチェーン店なのだ。屋台のチェーン店化が、どんどん進んでいるわけだ。大量仕入れでコストを下げ、つくり方をマニュアル化して味を安定させ……もう、やめよう。そういう世界から離れたくて、週末にバンコクまでやってきたのだ。アジアティックで食事をするのはやめよう。

以前に訪ねた川沿い食堂を思い出した。チャオプラヤー川をラーマ七世橋まで遡らなくてはならない。急がなくては。夜も遅くなると、チャオプラヤーエクスプレスの運航が終わってしまうのだ。

無料の船でサパーンタクシン橋まで戻り、終船近いチャオプラヤーエクスプレスに乗った。船は明るいライトを川面に反射させながら、とことこと遡上していく。観光客の姿はなかった。家路を急ぐタイ人で混みあっている。乗客は、十人、二十人……と途中の船着き場で降りていく。クルントン橋をすぎると、船内も閑散としてきた。プラスチック製の椅子に座り、灯が揺れる川面を眺める。下流では、川岸を照らしていたネオンも、このあたりまで上がってくるとだいぶ寂しくなる。

川風が気持ちいい。

乗客が十人ほどに減ったチャオプラヤーエクスプレスが、ラーマ七世橋の船着き場に着く手前、川岸に目を凝らす。あった。一昨年（二〇一一年）の洪水のとき、チャオプラヤーの水は、このあたりからも街に流れ込んだのだろうか。川岸に高さ一メートルほどの堤防がつくられていた。そのコンクリート越しに人の頭が見える。店は賑わっているようだった。

この店をみつけたのは、ちょっとした偶然だった。あれは五年ほど前だろうか。そのときに僕はタイに渡った日本の列車の取材に走りまわっていた。日本で使われることがなくなったブルートレインなどがアジアへ無償で譲渡されているのだ。ラーマ七世橋の近くに列車用の鉄橋がつくられていた。タイ南部へ向かう長距離列車がここを通過する。

その列車を撮影するために、僕はカメラマンと一緒に、ラーマ七世橋の上にいた。写真に収めたいのは夜行列車である。このあたりを通過するのは夕方になる。時刻表にときどき視線を走らせながら、カメラマンがカメラを構えている。僕はその横で、ただ川面を眺めていた。

「あそこが店になる?」

船着き場横の駐車場のようなスペースだった。そこにござが敷かれ、長方形の卓袱台のようなテーブルが置かれていく。そこに黒っぽい座布団……。野外の宴会場のようにスペースが着々とできあがっていく。日が落ち、西側の空に少しずつ茜色が射し込んでくる。ぽつり、ぽつりと客が姿を見せた。

「気持ちがいいだろうなぁ」

うっとりと眺めていた。

川沿い食堂で、氷入りのシンハービールをぐいっと。最後の夜は、やはりここ？

優れもの魚焼き機があった。魚が炭火の上を回転する。この匂いで客を呼ぶ

下流の高級ホテルが並ぶ一帯では、リバールスーズ用の船から、軽快な音楽が流れている時間だろうか。川沿いレストランでは、ロウソクの灯が揺れている。どちらの世界も知らないわけではないが、一度、バンコクの暮らしを知ってしまうと、あまりに観光が前面に出ている高級レストランには、食指が動かなくなってしまう。

それから半年ほどして、はじめてこの店に座った。メニューにはタイ語しかないローカルな世界だった。暑い時期で、地面のコンクリートの熱が座布団を通して伝わってきた。しかし川風は心地よく、ビールの酔いがとろとろとまわってくるのだった。川を越え、南部に向かう列車の音が思い出したように響いてきた。

バンコクの最後は、こんな店にしたかった。店の名前も知らない。ござの横のスペースでは、炭火が熾《おこ》され、そこで焼かれる魚の匂いが漂ってくる。グラスに氷を入れ、そこに注いだシンハービールを飲みながら、堤防越しにチャオプラヤー川を眺める。ライトをつけた小船がゆっくりと下っていく。

週末の店は賑わっている。大人数の団体、カップルに子供を連れた家族……。船着き場の脇のスペースは、夏祭りの夜のようだ。

吹き抜ける川風が首筋を通りすぎていく。

ビールをもう一本、頼むことにしようか。

## タイの鉄道事情

ラーマ七世橋近くでチャオプラヤー川を渡る列車の多くは、タイ南部行きだ。ほとんどの列車は、フアラムポーンというバンコク中央駅を起点にしている。

タイにはそこそこの鉄道網がある。この南部に向かう線のほか、チェンマイ、ノーンカーイ、ウボンラーチャターニーなどへの長距離路線がある。タイの列車の特徴は、必ず遅れることである。平均すると二、三時間。五時間ぐらい遅れることは……そう二日に一回ぐらいか。チェンマイ線やノーンカーイ線にたまに乗るが、いつも五時間近く遅れる。ノーンカーイ線の各駅停車は、その車両が折り返すため、終点のノンカーイまで列車が到達しないことが多い。途中駅のウドンターニーが終点になり、その先はバス便になってしまうのだ。こんなことを年がら年中やっているのだから、いっそのこと、タイムテーブルを三時間遅れに修正したほうがいいと思うのだが。しかしタイ国鉄にも意地があるのか、そんな話は聞こえてこない。

「そんなことをしたら直した時刻から、さらに五時間遅れますよ」

タイ人の知人はいうのだが。

彼らも約束があるときは列車を使わない。バスかロットゥーというバンタイプのバスを使う。列車に比べると運賃は高いことが多いが、予定時刻に目的地に着くことができるからだ。

本文でも触れているが、日本からの中古車両も、タイの線路の上を走っている。日本人の間で人気が高いのはブルートレインだ。日本で乗ることが難しくなっているからだ。

ブルートレインはバンコク—チェンマイ線を走っている。しかし問題は、予約した列車が、ブルートレインの編成かどうかがわからないことだ。

現在、この路線には、韓国から譲渡された列車の編成と、ブルートレインの編成の二種類がある。ブルートレインを期待して予約をしても、韓国の列車になることもある。その確率は五十パーセント。しかしタイ国鉄の責任ではない。彼らにとって、車両がどの国から渡ってきたかということは、大きな問題ではない。関心がないわけだ。騒いでいるのは、日本の鉄っちゃんだけということか。

チェンマイ行きの夜行寝台は、急行料金、空調代など、さまざまな料金が加わって、それなりの運賃になる。便や予約時期などによって違いはあるが、LCCのほうが安くなることが多い。タイ国鉄は、慢性的な赤字をかかえている。しかし、庶民が乗る各駅停車の運賃を値上げすると反発が大きい。そこで、飛行機よりも列車に乗りたい……という人が集まる人気列車の運賃を高くする。乗客は、富裕層や外国人が多いからだ。タイでは基本的な値段設定である。

週末バンコクで、この長距離列車に乗るのは、時間的に少しつらい。列車と飛行機を組み合わせることになるが、列車が遅れるため、かなりの余裕をもたせなければならない。

週末バンコク旅で、気軽に乗ることができるのは、バンコク南部をとことこ走るマハーチャイ線とメークロン線である。このふたつの線は、途中、渡し船に乗れば、一本の線路のように乗ることができる。すべて各駅停車というローカル線で、のんびりとした列車旅になる。窓から吹き込む風を体で受けていると、いつしか寝入ってしまうような空気が車内を支配している。乗車には予約もいらない。

終点のメークロンには、線路の上まで占拠してしまった市場がある。最初に線路が敷かれたはずなのだが、列車の本数が少ないことをいいことに、しだいに線路上でも野菜や魚、肉が売られるようになった。列車がやってくると、売り場に置いてある台をごとごとと動かし、日除けの傘をたたむ。よく見ると、線路と直角に台を動かす細いレールまでつくられている。列車がやってきたとき、簡単に移動できるためだ。そして列車が通りすぎるときは、さも迷惑そうに見あげる。

「どっちが先にできたんだ」

列車の乗客にしたら、つい、そんな言葉が浮かんでしまう。

しかしタイの鉄道も、よく、これほどの〝やりたい放題〟を許したものだと思う。

一度、メークロン線で、線路の上を走るトロッコも見た。列車の本数が少ないことに目をつけた私設の移動手段である。ちゃんと運賃もとる。しかし線路は、国鉄が敷いたものなのだ。日本の鉄道関係者が見たら、気が遠くなる光景だろう。

このマハーチャイ線とメークロン線については、第九章の「ハマーチャイと折りたたみ傘市場」で、詳しく紹介している。

# 第九章

# バンコク在住者が提案する週末バンコク

# トンブリー地区で古きよきバンコクを満喫

武田真子

タイ人と結婚し、バンコクの都心に住んで十一年。その間に、この街は人口千四百万人という大都会になってしまった。

住みはじめた当時は、バンコクにもまだ「のんびり」している人と場所がいっぱいあった。そんな思いは、日本に住む日本人も同じだろう。日本人にとって恋しい時代……そう昭和。バンコクには、まだまだ日本の昭和を彷彿させる場所がある。

そのひとつが、**クローン・バーン・ルワン**だ。私が、「バンコクって疲れる。もう田舎に行って引きこもりたい」といったとき、仕事関係で知り合った都会派でお洒落なタイ人男性がこんなことをいった。

「じゃ、僕のおばあちゃんの家に行くといい。昔のタイが残っていて、のんびりできる。クローン・バーン・ルワンってところ」

そこは、チャオプラヤー川の反対側、トンブリー地区にある。BTSのウォンウィアンヤイ駅で降り、タクシーに乗って目的地を告げると、セブン‐イレブンの前

百年市場の入口。
揺らさないで！
そーっと渡りましょう

で降ろされた。ここのどこに懐かしの街並みが残っているというのか？

　そんな半信半疑の気持ちで細い道に入ってみると運河があり、小さい古い橋が架かっていた。

　そこを渡ると、別世界だった。運河沿いには、古い家が静かに並んでいる。以前、子供と一緒に観た映画『千と千尋の神隠し』を思い出した。あれも、橋を渡ると湯婆婆《ゆばーば》がいる不思議な世界に入っていくという物語だった……。

　運河沿いに古くて大きい家があった。看板には「バーン・シンラピン」（芸術家の家）と書いてある。なかに入ると、家の中央になぜか大きなパゴタがある。それを囲むように、L字型にその家は建っていた。

週末だったせいか、パゴタの前でタイの人形劇が突然はじまった。素人の出しものかと面白半分に座って観ていたが、これが本格的でおもしろい。三人で一体の人形を操り、タイ舞踊でお馴染みの白猿ハヌマーンが、まるで生きているように動く。そのすぐ隣で子供が横切ったり、泣き出したりするのは、ご愛敬だ。

それから川沿いをぶらぶら散策していたら、寝ころんでテレビを見ている老婆と目が合った。突然現れた私に驚きもせず、とろけるような笑顔で「クラップバーンルカ？　チョークディーナカ」（帰るの？　気をつけてね）と寝転んだまま言葉を投げかける。

すべてがのんびりと流れている。ここは、できたらひとりで来て、静かに昔の雰囲気に浸ってもらいたい。日が暮れる前には、帰りましょう。帰りの橋の袂で、手づくりのタイのお菓子を買うのも忘れずに。素朴な味が楽しめるはず。

懐かしのバンコクのもうひとつのおすすめは、サムットプラーカーン県にある**百年市場**。文字通り百年前から続いている市場であり、古い建物がそのまま残されている。

百年市場は大型スーパー『ビッグＣバーンプリー店』裏の運河の向こう側にある。

運河にはなぜか橋はなく、代わりに船が二艘繋がっている。船に乗るのではない、船を渡るのだ。揺れる船の上をバランスをとりつつ渡り終えると、おばさんから一バーツ集金される。なんともすごいシステムだが、ここを渡らなければしかたがないので、文句はいえない。

百年市場にやってくるのはほとんどがタイ人だ。観光客らしき人はほとんどいない。売られているのは昔風のお菓子や駄菓子、洋服や雑貨など。商品の流通が百年前からストップしたのではないかと疑うほど、レトロな商品がある。いったい誰が買うのか。これで生活が成り立つのだろうかと、少々心配になってくる。

ここでは市場のなかを散策するのが楽しい。運河には大きなナマズもいて、餌を買ってあげることもできる。

タイ人がこの百年市場を訪ねる目的のひとつは、市場の奥にあるトイレ。表示に沿って入っていくと、寺があった。そこには池があり、滝が流れている。そしてなぜか、花が咲き乱れていて、ここだけエアコンが効いていた。ここは、たしかにトイレ。タイ人には有名な「豪華トイレ」らしい。どうりで、皆、お参りそっちのけでトイレに吸い込まれるように入って行く。うーむ、凄すぎる。お寺の豪華トイレ。

■百年市場

ＢＴＳベーリン駅下車、ソンテウに乗車。ベーリン駅から30分ほどの「ビッグＣバーンプリー店」で下車。ビッグＣの駐車場の奥に運河があり、そこを抜けると百年市場。

## マハーチャイと折りたたみ傘市場

浜野素子

市場はタイ旅行の楽しみのひとつだが、そんなタイのなかでもかなり異色な市場を紹介したい。それはメークローンという駅にある。ただの駅前市場ではない。線路の両脇でお店を広げているのだ。当然、野菜やら果物やらの商品は線路上にはみ出している。廃線ではない。一日八回、線路の上を列車が走る。そのたびに、店の人たちはテントや傘をたたんで列車を避ける。そして列車が通りすぎれば、またテントや傘を広げ、商品を線路の上に並べるのだ。別名を「**タラート・ロムフーブ（折りたたみ傘市場）**」という。

メークローン駅にはバンコクから車で一時間ほどかかる。観光会社主催のツアーもあるので、時間がない人はそれらを利用してもいいと思う。だが少々骨が折れてもかまわない……という人には、ぜひ電車で行っていただきたい。タイらしい旅情を楽しめるはずだ。

まずはBTSのウォンウィアンヤイ駅からクルントンブリー通りを西へ歩き、ソムデットプラチャオタクシン通りで右折して陸橋を渡る。左手にある、すすけた建物が国鉄ウォンウィアンヤイ駅だ。一見して駅とはわかりづらいが、右の駐車場が目印になる。

駅のなかへ入るとプラットホームには食べ物やTシャツなど雑貨を売っているお店があり、線路の反対側にも市場がある。市場のなかには私たちのような外国人にとってはオアシスともいえるセブン-イレブンもある。大きな荷物を運んで線路の上を横切って行ったり来たりしている人がいる。下着のシャツを着た中華街にいそうなおじいさんやパジャマを着たおばさんも。ローカルなタイの情景である。電車が時間通り来なくても退屈しない。

電車が来たら、終点のマハーチャイ駅まで約一時間。エアコン車両もあるが、普通車両で窓から吹いてくるさわやかな風に吹かれるのも悪くない。ただし、線路脇に生えている植物がバサッバサッと窓から入ってくる。うっかり顔を傷つけないように注意したい。ゴトンゴトンという揺れが、旅情を高めてくれる。

マハーチャイ駅に着いたら、今度は港に向かう。駅から右手へ百メートル行ったところに大通りがあり、左手が船着き場である。降りた人達が皆同じ方に行くのですぐわかる。船着き場の左側の建物二階には『タールア（船着き場）』という名前

約1時間でメークローン駅に到着した電車

のレストランがある。川側の席に座るとターチン川がゆったり流れていて、渡し船が人やバイクを対岸へ運んでゆく。食事の川エビなどは特に安くはないがおいしいし、なによりこの景色を眺めるだけでもここに座る価値はある。

食事が終わったら、渡し船に乗って対岸へ渡る。船着き場を出て右へひたすら歩いて行ったら突き当たりに電車が止まっている。ここがメークローン線の始発、バーンレム駅である。マハーチャイ駅まではタイ人ばかりだったが、メークローン線は人気があるのか外国人観光客が結構乗っている。先頭車両に乗っていると、このままでは先頭で市場を撮影することができないと不安に思うが心配しなくていい。最後までいちばん前であきらめずにがんばっていると車掌さんが手招きして呼んでくれて先頭の小さい部屋から撮影できる。

そして電車に揺られること一時間で終点メークローン駅に到着。駅自体は、いたって普通のローカル線だが、線路の上にはみだした商品がズラリ。ここからは次の電車が来るまでお目当ての「折りたたみ」シーンを待つ。とても暑いので帽子はぜひ持っていきたい。

■電車で行くメークローン駅へのプラン
マハーチャイ線はウォンウィアンヤイ駅08：35発、09：40発、10：40発、12：15発、13：20発、14：25発、15：25発。メークローン線バーンレム駅7：30発、10：10発、13：30発、16：40発の1日4本のみ。帰りはメークローン駅を9：00発、11：30発、15：30発である。

例えば、ウォンウィアンヤイ駅を8時35分に出て、9時28分にマハーチャイ駅に着く。バーンレム駅を10時10分に出発して11時10分にメークローンに着き、11時30分にメークローンを出て、12時30分にバーンレムに戻り、マハーチャイでお昼を食べる。14時25分にマハーチャイを出て、15時18分にウォンウィアンヤイ駅に戻る。市場で列車が通るところを見たかったら、15時30分にメークローンを出て、16時30分にバーンレムに着き、17時35分にマハーチャイを出て、18時25分にウォンウィアンヤイ駅に着く。マハーチャイではお茶を飲む時間くらいはあるかもしれない。

もし、帰りの電車の時間に間に合わなかった場合は、駅の南東のラッタナウィッティ道路とラトパシット道路の角のバスステーションにバンコクのビクトリーモニュメント（アヌサワリーチャイ）行きのミニバスがある。

## オリエンタルホテルで優雅な休日

樫山哲哉

――サヨナライツカ

二〇一〇年に中山美穂主演で映画化された辻仁成原作の恋愛小説だ。舞台はバンコク。婚約者のいる豊が、ベールに包まれた美女・沓子《とうこ》に惹かれ、愛を重ねる……。そして別れ。二十五年もの歳月を経て、劇的な再会をする……。

この映画で沓子が住んでいたのが**マンダリンオリエンタルホテル**だ。ここではタイの最上級のホスピタリティを肌で感ずることができる。プランにもよるが、大人ふたりで一泊四〜五万円ほど（ひとりでも料金はほとんど変わらない）で、優雅なホテルライフを過ごすことができる。

できれば日本を出国する前に『サヨナライツカ』に映画か小説で触れておきたい。ホテルライフがさらに楽しめるはずだ。

ホテルは日本から予約しておく。日本語サイトもあるので安心だ。一緒に、空港からの送迎も頼んでおきたい。

スワンナプーム空港に降り立ったら、空港出口で待つスタッフに軽く挨拶をすませ、スマートに荷物を託す。用意されているのはBMW7シリーズリムジン。革張りの後部席にゆっくりと腰を預ける。周りの誰よりもひときわ目立つお出迎え。レガートでパワフルなエンジン。車窓からはエキゾチックなバンコクの雑踏が広がるが、車内は静粛性が保たれている。すでに「脱日常旅」がはじまってる。

ホテルに到着。ドアマンが車のドアを開けてくれる。一歩踏み出した視線の先には、金のプレートに「十八時三十分以降の服装にはご注意ください」と……。改めてホテルの格式の高さを感じる。

おすすめはプレミアルームだ。伝統を感じさせる、コロニアル様式の客室である。部屋は二階構造で、ベッドルームとリビングエリアに分かれている。どの部屋からも川の眺めを一望できる。バスタイムはホテルオリジナルのジンジャー・ライムのアメニティでゆっくりと。シルクのバスローブに体を包み、グースという水鳥の枕に頭を沈める。

翌朝、熱帯地方の鳥のさえずりで目を覚ます。南国のまぶしい太陽、ヤシの木漏れ日を感じながら、リバーサイドテラスに朝食に向かう。日本ではなかなか目にすることができないトロピカルフルーツが食欲をそそる。

オリエンタルホテルの外観(提供:マンダリンオリエンタルホテル)

朝食を終えたらチャオプラヤー川を挟んで対岸にあるオリエンタル・スパへ。ホテル客専用の渡し船が出迎えてくれる。タイ式、ヨーロッパ式、アーユルヴェーダなど、お好きなメニューで仕事や長時間のフライトでこわばった身体をほぐしてもらう。

ランチはホテル内にあるフランス料理店『ル・ノルマンディー』で。服装はスマートカジュアル。チャオプラヤー川を行き交う船を眺めながら、世界的なシェフによるアミューズからデセールまでを普段の倍以上の時間をかけて楽しむ。

ひと息ついた後は水着に着替えプールへ。泳ぐのに飽きたら、プールサイドで読書を楽しむ。熱い日差しに顔を上げると濃い緑が目に入り、ここが南国であることを再認識する。体が火照ってきたら水に入り、鎮まったらまた読書。チャオプラヤー川のようにゆっくり流れる時間に体を任せる。

夕食は対岸のタイ料理レストラン『サラリムナーム』で。タイ北部様式の豪華な装飾の建物が特徴。優雅で上品なタイ舞踊を見ながら舌鼓を。

丸二日の優雅な休日を終えてチェックアウトしたら、このホテル自慢のオーサーズラウンジでハイティーを。文豪サマセット・モームも滞在したことがあるオーサーズスイートに続く階段を見上げながら、コロニアル様式の真っ白なカフェで別れを惜しむ。

ホテルから空港までの移動も、もちろんリムジンで。

■マンダリンオリエンタルホテル

http://www.mandarinoriental.co.jp/bangkok/

日本語サイトから予約が可能。ホテルのコンシェルジュ宛てに、滞在中、なにをしたいのかを連絡しておくとスムーズだ。

# 鶏の鳴き声で目覚めるタイの田舎泊

久恒美香

鶏の声で目覚めたこと、最近ありますか。

目覚まし時計ではなく、太陽の光と鶏の鳴き声で目を覚ます贅沢。新鮮な空気を吸いに外に出れば、白い仏像が山の中腹に見えます。なんだかすごくありがたく、今日も元気に過ごせますようにと手を合わせたくなります。

バンコクから車で約二時間、カオヤイ山脈の麓にある『ハーモニーライフ農場』では、そんな朝を迎えることができます。

この農園は、日帰りで見学する人が多いのですが、できれば泊まってほしいところ。オーナーの大賀昌《おおがしょう》さんは、タイでオーガニック農法をしてみたいと脱サラ。ここに農園をつくりました。

友人に誘われて、日帰りで訪ねたのですが、できればどっぷりと農場に浸ってみたいと、二〇一〇年、家族と一緒に出かけてみました。

ニンジンやレタスの収穫。わくわく感がたまりません。鍬を手に畝づくり。そしてレタスの苗つけ。野菜の赤ちゃんには、「大きくなってね」と声をかけたくなります。トンボやチョウだけでなく、小さな虫たちや草までもかわいく感じられます。時間を忘れてしまいました。

日本でも最近は土に触れる機会が少なくなりました。野菜がどのような状態で育っているのか。野菜の本来の味はどうなのか。実際に畑で自分の目で見て、採りたての野菜を手で触ると、五感が研ぎ澄まされ、子供も大人も新たな発見があります。

少し汗をかいてお腹もすいたころ。収穫したばかりの野菜をふんだんに使ったお昼ごはん。

自分で収穫した野菜の昼食です。苦手な野菜もおいしく食べられそう。いつもよりちょっとだけたくさん食べてしまっても、大丈夫。細胞ひとつ、ひとつの代謝量がきっと増えているはず。

午後は家族で農場を散歩。鶏が走りまわり、水牛がのんびり草を食べています。畑で働くタイ人たちが集まり、木陰でゆっくりお昼ごはんを食べていました。ハンモックに寝そべっている人も。普段ゆっくり話ができない子供や夫もどこか開放的。いつもより会話がはずんでいました。

夕食も野菜たっぷり。夜は部屋で読書や家族とゲームを楽しむのもいいけれど、

山々に囲まれて、新鮮な空気を思い切り味わいたい

満天の星空も眺めに屋外へ。遮るものがない空は、生のプラネタリウムです。聞こえるのは虫の声や遠くからの鳥の声……。

翌朝もおいしい朝ごはん。体だけでなく、心まできれいになったような。軽い体で帰りました。

カオヤイの贅沢な朝。はじめて行ったのに、なんだか懐かしい故郷のような場所。優しい時間が流れています。

■Harmony Life Organic Farm

代表　大賀　昌

【住所】35 Moo 9 Klangdong Pakchong Nakhonratchasima Thailand　【電話】（カオヤイ）（+66）044-322-219

【ホームページ】 http://www.harmonylife.co.th/

【Email】 morokhun@gmail.com （日本語可）

# ロングステイを夢見て

細野文彬

何度もバンコクを訪れたバンコク通なら、一度や二度は「バンコクに住みたい」と思ったことはあるはず。実際にリタイヤ後の第二の人生を、バンコクではじめる人は少なくありません。私自身も日本の電機メーカーに二十七年勤務した後にタイの日系企業に十年勤務。定年後も『バンコク・ロングステイ日本人倶楽部』の世話人などをしながら、仲間と一緒にバンコク・ライフを満喫しています。

まだまだリタイヤは先……という人も、将来のバンコク・ライフのために「プチ・ロングステイ体験」をしておくのはいかがでしょう。

限られた時間を有効に使うためには、日本での下調べは必須です。インターネットを使って、住んでみたい地域のコンドミニアムやアパート、スーパー、ショッピングセンターを調べておきましょう。ロングステイをしている日本人による倶楽部や協会などもあります。事前にメールなどで相談しておくと、体験者ならではの情報を教えてもらえるかもしれません。

宿はせっかくだからホテルではなく、アパート形式のものにすると、プチ・ロングステイ気分が高まります。シーツの交換もしてくれる、いわゆるサービス・アパートがあるので、不便はありません。

バンコクに着いたら、少なくとも三〜四軒のアパートやコンドミニアムを見てみましょう。私のおすすめはBTSのオンヌット駅周辺。近くには『ロータス』『ビッグC』などの外資系大型スーパーがあり、日常の買い物にもこと欠きません。この界隈は手頃な高層アパートが増えてきています。地下鉄沿線ではホアイクワーン駅周辺。隣のタイカルチュラルセンター駅には、『ロビンソンデパート』や『ビッグC』があります。時間に余裕があれば、隣駅周辺もチェックしてみましょう。

実際にロングステイをはじめるときには、あせって物件契約をしないことが大切です。まずはサービス・アパートに一カ月ほど滞在し、バンコクの地理をしっかり把握してから決断しましょう。

物件探しだけでは味気ないという方は、翌日はゆったり温泉などいかがでしょう？　あまり知られていませんが、タイには二百カ所以上温泉が湧いています。日本のような情緒は期待できませんが。バンコクからいちばん近いのはカンチャナブリのワット・ワンカナイという寺の境内にある温泉です。入浴料ではなくタンブン

ヒンダー温泉。ロシア人の観光客でにぎわっている

（お布施）を箱に入れる仕組みになっていて、近所のタイ人が入りに来ています。バンコクから百四十キロほど離れていますので、運転手付きのレンタカーを借りるのがいいでしょう。ガソリン代などの諸経費込みで総額二千七百～三千七百バーツほど。仲間で頭割りにすれば、それほどの負担にはなりません。

カンチャナブリから東北方面に百二十キロほど進むと、渓流の横に温泉プールがつくられたヒンダー温泉もあります。なんでも戦時中に日本軍が発見したとか。

旅の疲れが癒やされます。

■バンコク・ロングステイ日本人倶楽部　（非営利団体）
http://www.bkk-longstayjc.com/
世話人代表・細野文彬

## 子連れバンコクはレンタカーをフル活用

川辺　澄

子連れバンコク旅行のコツは、運転手付きのレンタカーを手配してしまうことです。暑いバンコクの街を、ぐずる子供の手を引いて歩くのは大変です。歩道があっても、屋台とお客でいっぱい。大きなノラ犬やネズミもいて、気の弱い子は前に進めません。でも車があれば、疲れたときにはいつでも涼しい車内で休むことができます。いざとなったらお昼寝というワザも。

日本人経営のレンタカー会社もあり、日本語で二日間の行き先を伝えておけば、道順を調べてくれます。ドライバーは簡単な英語ができる人も多く、ちょっとした変更なら対応できます。料金は、五時間で千五百バーツ（約四千円）から。家族でオプショナルツアーに参加するより、安上がりかもしれません。

バンコクに着いた翌朝、お父さんと子供は車に乗って**国立博物館**へ。小学生以上なら、タイの歴史や芸術を感じることができるいい機会。毎週水・木曜日は、ベテランの日本人ボランティアによる二時間のガイドツアーがあります。美しいスコータイの仏像や、色鮮やかな仏教画の前で仏様の物語を聴き、王家専用の豪華な車も見学できます。その間、お母さんは念願のエステへ直行。光り輝く微笑を手に入れるべく……。

その後家族で待ち合わせて、高級ブランドの揃うバンコク最大級のデパート『**サイアム・パラゴン**』へ。お母さんはショッピング、お父さんと子供は地下にある『**オーシャン・ワールド**』という水族館へ。3Dシアターやボートに乗ることができる巨大水槽もあるエンターテインメント水族館です。小さな子供も、カラフルな魚に目を輝かせるはず。

ホテルに戻って少し休んだら、夜は川ぞいのナイトマーケットを散歩。涼しい夜に、アジアンテイストの雑貨やお土産を探せます。

翌朝はのんびり起き、家族でタイのシルク王『**ジム・トンプソンの家**』へ。昔風のタイのお屋敷でシルク王の収集品をながめ、カフェで軽食。英語、日本語のガイドツアーもあります。シルクのバッグやコットンのTシャツは、ハイセンスで高品質。自分用のお土産も？

安くてタイらしいお土産をまとめ買いするなら、近くの『**マーブクロンセンター**』へ。六階でエスカレーターを降り、コピー風のTシャツが山積みされた店を抜けていきます。と、お土産屋さんがひしめく一角に。タイ語の会話帳を片手に、英語も身ぶりも入れて値引き交渉しましょう。

早めにホテルに戻ったら、プールサイドでリゾート気分を。浮き輪ではしゃぐ子どもたち。大人は白い日傘の下でお昼寝……。

帰りの空港に着いたら、お世話になったドライバーさんに、少し多めのチップを渡して「コップン・カー」。一緒に撮った写真を見ながら「またタイに来ようね！」と家族で話せれば、子連れ旅、大成功です。

■バンコクのレンタカー会社（日本語可）
Rabbit Car Rental http://www.rabbit-bkk.com/index.html
ABIDECK http://www.bkk-gallery.com/rent

## バンコクの〝アキバ〟、中華街でショッピング三昧

角田昭二

日本で中華街といえば中華料理だが、バンコクでは少し違う。中華街とは買い物の街、つまり日本でいうと東京・秋葉原のようなものである。

中華街の起点は、地下鉄のフアラムポーン駅。そこからチャオプラヤー川のほうに向かって四、五分歩くと、ヤワラート通りに出る。西に向かうと、通りは次第に静かになっていく。小さな運河を越え、左手に曲がる。進んだ先を右手に曲がり、五分程歩く。右手に**バンモーストア**と呼ばれる建物が見えた。ここが、タイのアキバだ。電子部品など、プロやマニアが買いに来そうな物が売られている。周辺の路上では電化製品の修理をしている姿も。戦後間もない頃の秋葉原はこんな風だったのだろうか。そう思わせるような場所だ。

ヤワラート通りまで戻る。さきほど渡った運河の辺りにサパーンレックと呼ばれる市場がある。「ゲームを買うならサパーンレック」、そういわれている所だ。なかに入っているのは、ほとんどがゲーム機やゲームソフトを扱う店。しかし、ゲーム

ソフトは間違いなく海賊版だ。安い。が、日本には持ち込めない。分解されたゲーム機が机の上に無造作に置かれている店もある。店主がハンダごてを手に、修理に勤しんでいる。

北に向かう。チャルンクルン通りに出たら、東に向かう。チャクラワット通りに出たら左折。一、二分歩いた右手に現れるのが『**クロントムセンター**』。俗に『**泥棒市場**』と呼ばれている界隈の中心地だ。路上に並べられている売り物は、「盗品か」と思わされるような物が多い。しかしよく見ると、「拾ってきた物」のようでもあるのだが……。

何か掘り出し物でもあるかもしれない。そんな気にはなるのだが、五分も歩けばその気も失せる。通路には人が溢れかえり、歩くこともままならない。しかも、かなり広いのだ。同じような店が多い。ふと気がつくと、先ほど立ち寄った店の前にいる。簡単に迷子になってしまうのだ。夜になると露店が増え、さらに人も増えるらしい。

その一画に、これもまた秋葉原を彷彿とさせるようなエリアがあった。しかし、専門的な物はあまり売られていない。この界隈が工具屋街ということもあるのか、工具類もあちこちで売られている。玩具もあるが、女性向けの品はほとんどない。

クロントムセンター内部。モノと人であふれている

よく見かけるのは、いわゆる「エロビデオ」の店。どこでも大勢の客が群がっている。向けた視線の先には日本語が……。

この日は疲れ切ってしまい、ここで断念。翌朝、懲りもせずに再び中華街に向かう。

まずは**雑貨市場**へ。アクセサリーづくりを趣味にしている姉に頼まれた物を探した。手頃なお土産になりそうな物も色々と買うことができた。この市場には仕入れに来るタイ人が多いらしく、沢山買えば値引きもしてくれるのだ。「もう一個買えば○バーツだよ」といわれると、ついつい余計に買ってしまう。

昨日のリベンジ……と泥棒市場に向かったが、気がつくとまた同じ所をぐるぐるまわっていた。熱気と人ごみ、屋台の揚げ物の匂いに気分が悪くなり、冷房の効いた店でしばしの休息。

気を取り直して再び人ごみのなかへ。やっとの思いでAV関連のケーブル類と、どんな携帯にも使えるという電池の充電器を購入。本当に使えるのか不安はあったが、たったの八十バーツ。捨てることになっても惜しくはないと思った。古めかしい壺やら置物やらも目に入る。「価値のある骨董かもしれない」とも思ったが、あいにく骨董を見極める目は持っていない。わざわざ重い思いをしてがらくたを日本に持ち帰る気にはなれなかった。

またしても、疲労の波が打ち寄せる。全部を見てまわることは断念。バンコクの中華街市場はただものではない。

## 瞑想とデトックス

石黒祐子

日本で働く友人から週末を利用してバンコクに遊びに来るという連絡が届いた。 つい最近、「お先真っ暗」だというネガティブなメールをもらったばかり。そんな友人に元気を取り戻してもらうため、心身を浄化する週末バンコク。バンコク在住四年。これまでの経験からプランを考える。まずは自分で試してみた——。

タムマサート大学に近い「**ワット・マハタート**」(一一九ページ参照)というお寺の瞑想センターへ。入り口で僧侶が、日本語の案内を渡してくれた。白い袈裟(修行用の上下、下はズボン)に着替える。瞑想はコンタクトレンズもはずさなくてはならないが、洗面所があまりきれいではなかったためあきらめる。

正面には金色の仏像、その左には本物の人間かと思われるぐらいそっくりな僧の像。参加人数は約四十人といったところだろうか。タイ人ばかりだ。女性が多い。男性は一段高い位置に座っている。

読経がはじまった。皆、僧侶と一緒にお経を唱えている。もちろん、私はちんぷんかんぷんだ。お坊さんの講話がはじまったが、インターナショナルクラスのはずなのに英語の説明がない。事務員さんにいうと、別室で英語の話せる僧侶とマンツーマンの講義をしてもらえることになった。

まずは歩いてする瞑想。そのために立っていることを意識することからはじまるのだという。ゆっくりゆっくり足を動かす。ターンの仕方も教えてくれた。不思議だった。足の動きに気をとられていると、他のことはなにも考えなくなっていった。気持ちが静まっていくのがわかる。

次は座っての瞑想。あぐらをかいて座り、お腹に手をあてる。呼吸をお腹の動きで感じる。呼吸は自然なものでいい。十五分ぐらいこのままひとりでやりなさいといわれた。まじめにやっていたら眠くなってきた。僧侶が戻ってきたのは三十分後だった。

「目が赤いね」

「眠いんです」

「それはいいことだ。だけど、眠い眠いと意識しながらいることが大事」

「ところで普段はもっと外国人いるんですよね？」

「午前と午後のクラスには七人いたよ。夕方のクラスは君だけだけど。そうスペシャルなんだ。君のために」

僧侶の言葉に笑ってしまった。すると、

「Smiling, smiling. Life changes by smiling」

笑って笑って、周りの人を幸せにするんだよ、と僧侶はいった。すっかりリラックスして、その日はとてもよく眠れた。

別の日には、体の浄化も体験してみた。知る人ぞ知るハーブの先生だ。タイ人だが、不思議な日本語を話す。トイレに横づけされた簡易ベッドに横になる。使うのはオリジナルのハーブティ。なんでもハーブを五種類煮立てたという。魔女が薬をつくっているところを想像してしまう。

それを先生が肛門から入れる。そして五分ぐらいお腹のマッサージを受けた。キャー、間に合わない。すごい勢いで便器に座る。出しても出しても出る。トイレはタイ式のため、すませた後に自分で水を汲んで流す。その繰り返しを三回。すっかり体力を消耗した。最後には肛門から「シャー」と液体が出てくる。

私は普段と同じ色だったが、白いものが出てきたら、本当の意味でのデトックスになると先生はいう。体重は一キロ減っていた。なんだか体調もいい。

友人は気に入ってくれるだろうか。

■ワット・マハタート【電話】(+66)02-222-6011
瞑想指導のスケジュールは、午前七時〜十時、午後一時〜四時、夜六時〜八時
■デトックス（店名は「Hermit Herb」）
【交通アクセス】ＢＴＳオンヌット駅近く
【Email】hermitherbl@hotmail.com

## ガイドブックには載っていないバンコクグルメ

御小柴一利

仕事のためにバンコクに住んで約六年。気が付くとガイドブックに載っていない場所を探してしまいます。そこで、バンコクの地元っ子でにぎわうガイドブックに載らないお店を紹介します。

まずはアイリッシュパブの『**ロビンフッド**』。BTSプロムポン駅にある人気デパートの「エンポリアム」の近くにあります。凝った内装で、緑を基調に木製のテーブルなどがダブリンのパブにいるかのような気分にさせてくれます。おすすめは朝食。バンコクの強い日射しの明るい店内で、ボリューム満点のアイリッシュブレックファーストを楽しみます。

スクンビット通りのソイ三十三の入り口にあるイングランドパブ『**ザ・ロンドナー・ブリュー・パブ**』もおすすめです。店内は赤色が基調のイングランド風。地下にあって暗めな店内ですが、どこかロンドン下町にあるパブにいるような気分になれます。店の奥には大きな地ビールのタンクがあり、オリジナルのビール London

Pilsner 33などを飲むことができます。夕方の四時過ぎから七時まではハッピーアワーなのでお得な気分にもなれます。

さまざまな国のレストランが集まるのは、スクンビット通りのソイ十一。なかでもドイツレストラン『**オールド・ジャーマン・ビア・ハウス**』は、ドイツ人シェフが腕を振るい、本格的なドイツ料理が味わえます。地ビールタンクの新鮮なビールも最高。つまみはシュバイネハクセ（ローストした豚の脛肉）かブラートブルストシュネッケ（渦巻きソーセージ）で。

せっかくのバンコク、タイ料理が味わいたい！という方はファラムポーン駅からタイの列車に乗ってバンスーへ。民家の軒先をゆっくり通る列車に揺られること四十分でバンスー駅に到着。ここから地下鉄でチャトチャック市場のガムペーンペット駅まで向かいます。

ここでは『**フンタロップ**』という店へ。タイ東北地方のクエチャップユアンという麺が待っています。これは、うどんのような太麺にとろみのあるスープをかけたもの。この店は、土曜・日曜しかオープンしません。

夕食は裏カオサン。『**ワイルドオーチャードビラ**』のレストランへ。お客さんは外人がメインなのであまり辛くないタイ料理が食べられます。クンチェーナンプラー（生海老のマリネ）はおすすめメニュー。新鮮な生海老を堪能できます。

■ロビンフッド【住所】597-597/1-3 P.B Building, Sukhumvit Soi 33/1 【電話】(+66)02-662-3390
■ザ・ロンドナー・ブリュー・パブ【住所】Basement B 104, UBC 2 Bldg., 591 Soi 33, Sukhumvit Rd. 【交通アクセス】ＢＴＳプロムポン駅徒歩5分【電話】(+66)02-261-023819
■オールド・ジャーマン・ビア・ハウス【住所】Grand President Tower 3, 11 Sukhumvit Soi 11 【電話】(+66)02-651-3838
■フンタロップ【住所】Chatuchak, Bangkok 10900
■ワイルドオーチャードビラ【住所】8 Soi Chansongkram, Phaathit Rd. 【電話】(+66)02-629-4378

# 船で行くローカルバンコク

麻色

仕事のためにバンコクに住んで四年半。毎日地下鉄のMRTで通勤している。以前、学生として一年バンコクに滞在していたときにはアパートから徒歩数分のところに船着場があり、そのまま大学まで行くことができた。大学の構内に船着場があったのだ。センセープ運河の船便である。

船を避けるバンコクっ子は少なくない。「船着場から乗り移るときが怖い」、「運河の水が汚れている」、「乗り心地が悪い」。そんな理由を口にするが、私は船が好きだ。渋滞はないから予定がたつ。センセープ運河の船は一時間に三、四便あった。信号はなく、前の船に詰まることもない。

船を使えば、高架鉄道BTSや地下鉄MRTが通っていない地域への観光も可能だ。そこで、センセープ運河の船の乗り方のコツとマナーをご紹介しよう。

出発地点はカオサン通り。センセープ運河の始点は「パーンファー」という船着場である。カオサンのゲストハウス街から歩いて十五分程度だろうか。ここからプ

地下鉄通勤の今も、気楽な船通勤がちょっとなつかしい

ラトゥーナムを通り、バンカピまでを結んでいる。

船着場の入り口は木に隠れて少しわかりにくいが、橋の脇を下りていくと船着場に出る。

船が船着場の支柱にしっかり固定されたら、船に乗り込む。船の周りを、シルクハットのつばのように三十センチ程度のでっぱりがとりまいている。ここに足をかけて乗り込むのがコツだ。

おすすめの座席は運転席のすぐ後ろ、一番前の席だ。前方は透明なガラスかプラスティックになっているので視界がいい。しかも運転手用の扇風機が当たるので涼しい。船からは運河沿いの家の様子がよく見える。上半身裸で新聞を読みつつビールを飲んでいるおじさん。洗濯中のおばさん。走りまわる子供たち……。入り口が開けっ放しになっている家も多く、テレビを見ている家のなかが覗けるほどだ。この辺の運河幅は広くない。その分、飛び移れそうな近さに地元の暮らしを感じることができる。

船員がどこに行くかを聞きにくる。目的地を告げると料金を伝えてくれる。二十バーツ札を渡しておければ大丈夫だ。

船の両内側、乗客が乗り降りするつばの内側には、ビニールシートが付いている。ビニールシートにはロープがついていて、これを引っ張ることでビニールシートが乗客席を覆う形になる。しぶきよけである。運河の水は汚いので、みんな水しぶきはかぶりたくないが、シートを上げたままでは風が入らないし景色も見えない。逆方向に進む船とすれ違うときなどに、水路際席に座った人が、ロープを引いたり下げたりする。

降りるときは、天井にロープがある位置ならそれをつかんで立ち上がる。そして、また船のつば部分に移動する。船が船着場に停止したら、船着場に向かって渡り降りるだけだ。

バンコク市はタイの人口の十分の一を抱えている。隣接県を含めた都市圏人口は千四百万人といわれる。その人口の多くは地方出身者が占めている。船は、そんな庶民が住む町に分け入っていく。そこには、地方から出てきたタイ人のエネルギーが満ちている。これから物ごとがはじまる、物ごとを興していくエネルギーである。成長の息吹、そしてアジア人としての居場所を感じることもできるかもしれない。

# 家族のように迎えてくれるバンコクの宿

西本恵理子

この街を何度か訪れていると、バンコクっ子の庶民の生活を感じたくなる。タイ人の友人でもいれば別だが、なかなかきっかけがない。宿泊したホテルにも頼めない。

そんな方におすすめしたいのが、二〇一二年七月にオープンした『**葉っぱの家**』という宿だ。夫のポリス（警察官ではなく、呼び名）は鉄鋼職人、日本人妻のミホは心理カウンセラー。オーナー夫妻が、仕事の手を休めて笑顔で迎えてくれる。

建物と調度品はすべてポリスの手づくり。ひと部屋、ひと部屋つくりが違う。そして、いつも一部は建設途中。そこがタイらしい。バンコクにある我が家に帰って来たような気分になる。

部屋の窓から庭を眺める。タックローに興じている地元の若者たち。このスポーツは、ネットを挟んで二対二で行う足を使ったバレーボールのようなもの。バンコクの路地裏では、あちこちで見かける。

モスリムコミュニティーの日曜青空学校

夜になったら屋上に上がって小型の熱気球のような提灯、コームローイを上げる。ディズニー映画『塔の上のラプンツェル』のモデルは、タイのコームローイ祭りだ。夜空に浮かぶ提灯のような灯り……。表現療法を用いたミホのセラピーを受けることもできる。

夫妻は、地域のモスリムコミュニティーの子供たちと交流を続けている。仏教国として知られるタイだが、タイのイスラム教の歴史はアユタヤ時代へ遡るほど古いという。

毎週日曜日の朝、ふたりは子供に英語や日本の文化を教えに行っている。彼らに同行して、コミュニティーにある青空学校へ行ってみよう。子供たちに日本語で話しかけたり、一緒に折り紙を折ったり……。そんな時間を過ごすことができる。

この宿の周囲はバンコクの住宅街だ。ラムカムヘン通り沿いとセンセープ運河沿いには、一般の観光客に知られていないバンコクがある。どこを歩こうか、ポリスとミホとゆっくり話して決めることができる。

ラムカムヘン通りのソイ一一二にから入ると、『サマコーンビレッジ』。欧米人の一戸建て用に開発されたヨーロッパ風のおしゃれな町並みが続く。湖のほとりに建つカフェでひと休み。やっぱり、タイ料理というなら、通り沿いの食堂へ。ビレッジ内には、チェンマイ料理店もある。

ラムカムヘン通りから車で十五分くらい行った所には、『プラサート博物館』がある。ここは個人が所有するミュージアム。周りを森で囲んだ超高級住宅街にある。タイの様々の時代の美術工芸品を見ることができる。ただし、二日前に予約が必要だ。

水上マーケット『クワンリヤム』も近いので、観光客向け水上マーケットはちょっと……という人にはぜひおすすめしたい。ここは地元の人しか来ないのだ。「クワンリヤム」とは、タイ人なら誰でも知っているタイ版「ロミオとジュリエット」

の小説「プレーガウ（傷あと）」の主人公の名前である。ふたりはセンセープ運河のほとりの精霊が宿る榕樹に永遠の愛を誓った。

ここには中心街ではなかなか手に入らないシュガーココナッツのジュースがある。カエルやウナギも売っているが、これはタンブン用。タンブンとは、来世の幸福ために積む現世の徳のひとつであり、仏教の輪廻転生の思想がもとになっている。カエルやウナギを買い求めて、運河へ放してあげると、ひとつ徳を積んだことになるのだ。

**■葉っぱの家 Baan Bo Bai Mai Apartments**

http://baan-bo-bai-mai-apartments.blogspot.com/

http://baanyewtree.wordpress.com/

【住所】4,Ramkhamhaeng 129/4, Saphan Soong, Saphan Soong, Bangkok 10240

【電話・ＦＡＸ】（+66）02–373–1911/（+66）089–763–2770（ミホ）

【Email】baan.bobaimai@gmail.com

バンコク市街MAP
至ドーンムアン空港
至ワット・マハタート
エアポートレイルリンク
至スワンナプーム空港
センセープ運河
タン運河
マーンじいさんがいる船着き場
プラカノン駅
すぐに水門
ブリロム運河
プラカノン運河

ラーマ7世橋
川沿い
レストラン
チャオプラヤー川
モーチット駅
屋台街
クワーイ駅
エバンシー
ホテル
アーリー駅
クルントン橋
ワット・
ベンチャマボピット
ワット・
ボウォーン
ワット・
マハタート
ワット・
ラーチ
ボピット
パヤタイ駅
レインツリー
ワット・
ポー
ワット・
スタット
ワット・
ラーチャ
プラディット
サイアム・
パラゴン
サイアム駅
ファラム
ポーン駅
ワット・
アルン
オリエンタル
ホテル
ウォンウィアンヤイ駅
チョン
ノンシー駅
タクシン橋
クロン
トゥーイ駅
サパーン・
タクシン駅
アジアティック

イラスト：植木美江

週末《しゅうまつ》バンコクでちょっと脱力《だつりょく》 朝日文庫

2013年3月30日　第1刷発行

著　者　下川《しもかわ》裕治《ゆうじ》

写　真　安部《あべ》稔哉《としや》

発行者　市川裕一

発行所　朝日新聞出版

〒104-8011　東京都中央区築地5-3-2

電話　03-5541-8832（編集）

03-5540-7793（販売）

印刷製本　大日本印刷株式会社



Published in Japan by Asahi Shimbun Publications Inc.

定価はカバーに表示してあります

ISBN978-4-02-261756-9

落丁・乱丁の場合は弊社業務部（電話03-5540-7800）へご連絡ください。
送料弊社負担にてお取り替えいたします。

朝日文庫

本多　勝一
## 中国の旅
一五年戦争中、日本軍が中国で行ったさまざまな非人道的行為を、被害者たちの証言から再現した古典的ルポ。〔解説・高　史明〕

上野　正彦
## 神がいない死体
平成と昭和の切ない違い
人が最期に見る光景だけは幸せなものであってほしい。二万体の死体と真摯に向き合った名監察医がつづった感動の実話。

萩元　晴彦／村木　良彦／今野　勉
## お前はただの現在にすぎない
テレビになにが可能か
六〇年代後半、番組内容や取材方法を巡って起こった「TBS闘争」を三人のテレビマンが記録したテレビ論を四〇年ぶりに文庫化。〔解説・吉岡　忍〕

松田　美智子
## 新潟少女監禁事件
密室の3364日
男はなぜ少女を拉致したのか？　九年二カ月にわたる監禁の全貌とその後の新事実を明かす衝撃のノンフィクション！　文庫化にあたり大幅加筆。

森下　香枝
## グリコ・森永事件「最終報告」　真犯人
前代未聞の劇場型犯罪を首謀した「かい人21面相」と、「史上最大の銀行強盗」を、一通の手紙が繋ぐ！　迫真のノンフィクション。〔解説・堂場瞬一〕

飯田　裕久
## 警視庁捜査一課刑事
これが本当の刑事の日常だ！　地下鉄サリン事件、トリカブト事件、お受験殺人事件……。捜査の末に見た意外な真実とは？〔解説・倉科孝靖〕

朝日新聞取材班
**生かされなかった教訓**
巨大地震が原発を襲った

福島原発事故発生から一カ月あまりを追った迫真のルポ。柏崎刈羽原発事故を検証した『「震度6強」が原発を襲った』に大幅加筆。

小林　美佳
**性犯罪被害にあうということ**

二四歳の夏、私は性犯罪被害にあった。加害者への感情、変わってしまった人間関係など、被害の実態を克明に記した勇気のノンフィクション。

藤井　聡
**犬がくれた小さな奇跡**

中越地震で二歳児を救出したレスター、飼い主の身代わりに天国に旅立ったランス……犬と人が紡いだ温かい絆とは。愛と感動の物語。

西牟田　靖
**誰も国境を知らない**
揺れ動いた「日本のかたち」をたどる旅

尖閣諸島、竹島、北方領土へ！　日本人には行けない日本の国境を訪れ、国境問題に振り回され続けている現地の人々の姿を描くノンフィクション。

萱野　茂
**アイヌの碑**

アイヌ民族が背負わされた道は、長く、険しかった――。アイヌ文化の復興に情熱を傾けた著者の半生の記録。

上野　千鶴子
**国境　お構いなし**

国や文化の境界からはどんな景色が見えるのだろう？　日本人と日本学への考察など、旅する社会学者による、待望の異文化論。〔解説・辛　淑玉〕

松本　仁一
**アフリカを食べる／アフリカで寝る**

ヤギの骨を食べ、牛ふんの家で寝る――。記者としてアフリカ全土を縦横無尽に歩いた著者が、現地の食を食べながら等身大のアフリカの姿を描く。

松本　仁一
**カラシニコフⅠ**

「悪魔の銃」カラシニコフ。開発者カラシニコフや少女兵などへの取材を通し、銃に翻弄される国家やひとびとを描く迫真のルポルタージュ。

松本　仁一
**カラシニコフⅡ**

コロンビア、アメリカ、パキスタンを巡り、銃と麻薬の関係や密輸の実態を探る。カラシニコフを追いながら国家とは何か考える好評ルポ第二弾。

白戸　圭一
**ルポ資源大陸アフリカ**
暴力が結ぶ貧困と繁栄

豊富な資源の眠るアフリカ大陸で暴力の嵐が吹き止まないのはなぜか？　現役記者が命の危険も顧みず取材を敢行！　渾身のルポ。〔解説・成毛　眞〕

勝見　洋一
**中国料理の迷宮**
《サントリー学芸賞受賞作》

文化大革命時の中国に居合わせた著者が、中国社会の変動が食文化に与えた影響を実感から描いたサントリー学芸賞受賞の名著。〔解説・加藤千洋〕

船橋　洋一
**ザ・ペニンシュラ・クエスチョン**　(上)(下)
朝鮮核半島の命運

小泉訪朝から北朝鮮核実験に至るまでの六者協議の水面下の駆け引きを、各国要人一五〇人超へのインタビューで解明したノンフィクション大作。